U0459224

经济学原理

（精编版）

[英] 阿尔弗雷德·马歇尔 \ 著

庄　园 \ 编译

中国华侨出版社

·北京·

图书在版编目(CIP)数据

经济学原理（精编版）/（英）阿尔弗雷德·马歇尔著；庄园
编译. — 北京：中国华侨出版社，2023.6

ISBN 978-7-5113-8375-4

Ⅰ.①经… Ⅱ.①阿…②庄… Ⅲ.①经济学 Ⅳ.
①F0

中国版本图书馆CIP数据核字（2020）第216227号

经济学原理（精编版）

著　　者：〔英〕阿尔弗雷德·马歇尔
编　　译：庄　园
责任编辑：张　玉
封面设计：韩　立
美术编辑：盛小云
经　　销：新华书店
开　　本：880 mm×1230mm　　1/32开　　印张：8　　字数：140千字
印　　刷：德富泰（唐山）印务有限公司
版　　次：2023年6月第1版
印　　次：2023年12月第2次印刷
书　　号：ISBN 978-7-5113-8375-4
定　　价：38.00元

中国华侨出版社　　北京市朝阳区西坝河东里77号楼底商5号　　邮编：100028
发　行　部：（010）58815874　　　传　　真：（010）58815857
网　　址：www.oveaschin.com　　E－m a i l：oveaschin@sina.com

如果发现印装质量问题，影响阅读，请与印刷厂联系调换。

　　《经济学原理》是英国经济学家阿尔弗雷德·马歇尔创作的经济学著作，首次出版于 1890 年。该书常被与亚当·斯密的《国富论》、大卫·李嘉图的《赋税原理》相提并论，被认为是经济学发展史上的一个"里程碑"。

　　马歇尔的《经济学原理》成书时期，正是西方资本主义向帝国主义过渡的时期，是国际工人运动迅速发展和资本主义各国无产阶级政党相继创立的时期。在政治经济学领域中，自 1867 年马克思的《资本论》出版后，以往庸俗经济学的辩护理论已被马克思所揭穿，它们已经不能为资产阶级担负起辩解的任务，社会经济和阶级斗争的发展使资产阶级迫切需要创立一些新的理论来维护资本主义制度。19 世纪 70 年代，为适应这种要求，在资产阶级庸俗经济学中出现了新历史学派和以威廉姆·斯坦利·杰文斯、里昂·瓦尔拉及以奥地利学派为代表的边际效用学派。到 19 世纪末，马歇尔吸收各新旧庸俗经济学派的学说，写成了《经济学原理》一书。

　　马歇尔经济学说的核心是均衡价格论，而《经济学原理》正是对均衡价格论的论证和引申。他认为，市场价格决定于供、需双方的力量均衡，犹如剪刀的两翼，是同时起作用的。《经济学原理》一书的主要成就就在于建立了静态经济学。在书中，他认为，政治经济学和经济学是通用的。因此，不能把"政治经济学"理解为既研究政治又研究经济的学科，"政治经济学"也可简称为"经济学"。在马歇尔的努力下，经济学从仅仅是人文科学和历史学科的一门必修课发展成为一门独立的学科，具有与物理学相似的科学性。剑桥大学在他的影响下建立了世界上第一个经济学系。

本书是马歇尔《经济学原理》的精编版，编者从宏观上撷取原著精华内容，希望能够祛除一般读者对一些大部头经典作品的望而生畏之感；用浅显生动的文字，让读者快速了解和领会作品核心内容，实现对学术经典的轻松速读。

>>> 原著第一版序言
INTRUDACTION

　　对一个社会来说，它的经济状况总是经常变化的，对每个时代的人来说，人们总是会从自己特定的立场出发来考虑问题。不管是在英国还是在欧洲其他国家，或者是美国，经济学都比之前要更盛行一些。不过，所有这些现状都只是说明，经济学是一门缓慢向前发展的学科。在当代最有价值的那些经济学著作中，有些内容乍看起来跟之前的理论有矛盾之处，不过随着研究的进行，这些著作中的那些不完善之处会渐渐被修正。

　　根据我们这个时代的著作，再联系现实中新出现的问题，在这本书中，我们将要对旧学说进行新的解释。根据英国传统的理解方式，经济学的职能可以被认为：对经济事实的收集、整理和分析，并从已经获得的知识中来判定各种原因可能造成的结果。我们认为，经济学上的规律是用陈述性的语句来表达某种倾向，而并非通过命令性的语言来说明道德上的问题。所谓的经济规律和推论性的事实，都不过是一部分用来解决实际问题的方法资料而已。

　　对经济学家来说，他们必须将道德的力量考虑在内。曾经确实想过以"经济人"的活动为主要对象，成立一门抽象经济学。

所谓"经济人",指纯粹为利益而活,不受道德影响的人。这种想法并没有实现,甚至没有真正地试行过。这是因为,所谓纯粹的"经济人"是不可能存在的。作为一个社会的人,不可能单纯为利益而活,他有家庭,有感情,有思想,是一个复杂的个体。不过,因为他的动机总是被认为含有家庭的因素,所以也可以认为这其中还包括别的其他利人性动机。这种说法好像并没有什么道理,我们在这本书里将个人的正常行为都看作一个组织中的成员在某些环境下的必然行为。本书的特点在于,我们重视对连续性原理的各种应用。

有关这个原理,不但可以被应用到有关动机的道德特性上(个人在做选择时,都会受到这种特性的影响),而且可以被应用到人民对目标进行追求时的努力和奋斗中。如此一来,我们就重点来研究下面的事实:城里人的活动,是一种基于精明和长远的算计,通过努力和才能来进行,相对于既没有动力又没有意志力的一般人的活动,在连续的程度上是存在区别的。像那种正常性的节俭行为,为了获得报酬而努力工作,或者是找到最划算的市场,抑或是为自己和弟子们留心最好的职业,这些行为都是同在特定时间特定地点的特定成员有关系的。不过,当了解这点时,正常价值的理论就可以被应用到非经营性的活动中了。当然,相对于商人或者银行家的行为来说,这种活动又没有那么精确。

正常的行为同暂时看来不正常的行为比起来,似乎并没有明显的不同。同样,正常价值同所谓"现在的""市场的""偶然性的"

价值比起来，也没有太大的区别。不正常的价值只是因为偶然因素产生的，而正常价值则是一般情况下的正常结果。不过，这两者之间并不是完全不同的。它们因为连续程度的不同而结合在了一起。联想到商品在交换过程中经历的种种变化，当时我们认为可能是正常价值的情况，其实只不过是一种暂时的表现罢了。从一年的历史情况来看所谓的正常价值，如果从整个世纪的历史出发来考虑，只在当时存在价值而已。这是由时间的连续性造成的，而时间也总是每一种经济难题产生的原因。对大自然来说，时间并没有长期和短期之分，但因为一些不经意的原因，这两者是相互作用的，对一种问题来说是短期的情况，对另一种问题来说却是长期的。

比如说地租和资本的利息这两者之间的不同，很大一部分是要靠我们内心对时间长短的看法来定的。一样东西，在被看作自由流动性的资本或者是新投资的利息时，是很恰当的，但如果被当作旧投资中的一种地租，那就更适合了。流动资本和固定资本之间并没有显著的区别，它们是可以结合起来的。即使是土地的地租，也不能被看作完全独立的存在，而应该被作为某种类别中很重要的事物。

人自身跟他使用的工具相比，是有很大区别的。劳动的价值理论同产品的价值理论是不可分割的，这两者好像一个整体中的两个部分。虽然在细节上有一些不同，但只要经过认真研究，可以得知，它们之间的区别都是程度上的，而非性质上的。就好像鸟类和兽类之间的区别一样，它们虽然外表看起来十分不同，但本质上都是一样的。供需平衡理论是分配和交换理论中贯穿始终的理论之一。

近代以来的一切经济思想派别，在关于发展的连续概念方面，都是相同的。不管对这些派别产生的影响是在何种范围内，比如像赫伯特·斯宾塞在著作中提到的生物学方面的影响，或者像黑格尔在《历史哲学讲演录》对历史和哲学的影响。生物学、历史和哲学都对本书中说明的观点产生了实质上的影响。不过这些观点在表面上看来受数学的影响最大，比如古诺在《财富理论的数学原理的研究》中的观点。看古诺的书时，我们需要面对这样一个困难——经济学中的问题，其中的关系不能被看作连续的因果关系，比如说乙由甲决定、丙由乙决定等，而是将它们看作是相互作用的。

在经济问题上，纯粹的数学方法所起到的作用，相当于将一个人思想中的一部分快速、简洁、正确地记录下来，以供自己日后使用，并且使人相信他的结论是在有充分前提的条件下得出的。但在必须使用很多符号来解释经济问题时，很多人觉得这是一件痛苦的事情，当然除了作者本人以外。古尔诺通过使用数学上的方法，为自己的理论研究开辟了新的道路，很多人从对他的研究学习中取得了收获。但将经济学说同那些枯燥冗长的数学符号相联系之后，是否可以吸引人来阅读，这是个很大的问题。

1890 年 9 月

>>> 目录
CONTENTS

第1章 **导 言**

第1节　经济学的实质 / 003
经济学的动力研究 003
衡量的方法 006
经济学研究的真实性 008
第2节　经济学研究的目的与课题 / 010
研究目标 010
主要课题 012

第2章 **若干基本概念**

第1节　财 富 / 017
财　富 017
财富的广泛适用性 018

国家财富 ⋯⋯⋯⋯⋯⋯⋯⋯⋯⋯⋯⋯⋯019

价值与价格 ⋯⋯⋯⋯⋯⋯⋯⋯⋯⋯⋯021

第2节　生产、消费、劳动和必需品 / 023

人类生产效用 ⋯⋯⋯⋯⋯⋯⋯⋯⋯⋯023

"生产"的多义性 ⋯⋯⋯⋯⋯⋯⋯⋯⋯025

必需品 ⋯⋯⋯⋯⋯⋯⋯⋯⋯⋯⋯⋯⋯027

习惯上的必需品 ⋯⋯⋯⋯⋯⋯⋯⋯⋯028

第3节　收入与资本 / 030

货币收入与经营资本 ⋯⋯⋯⋯⋯⋯⋯030

纯收入、利息与利润 ⋯⋯⋯⋯⋯⋯⋯031

第3章　**论需求及其满足**

第1节　消费者需求的等级 / 035

欲望饱和律 ⋯⋯⋯⋯⋯⋯⋯⋯⋯⋯⋯035

边际需求价格递减 ⋯⋯⋯⋯⋯⋯⋯⋯036

货币边际效用的变化 ⋯⋯⋯⋯⋯⋯⋯037

一个人的需求表 ⋯⋯⋯⋯⋯⋯⋯⋯⋯037

市场的需求 ⋯⋯⋯⋯⋯⋯⋯⋯⋯⋯⋯039

影响需求表的因素 ⋯⋯⋯⋯⋯⋯⋯⋯040

第2节 需求的弹性 / 041

需求弹性 041

价格对不同阶级的影响 042

影响需求弹性的因素 044

第3节 价值与效用 / 046

消费者剩余 046

消费者剩余与个人需求的关系 047

消费者剩余与市场的关系 049

广泛的财富效用 051

第4章 **生产要素**

第1节 绪 论 / 055

生产要素 055

边际反效用和供给价格 056

第2节 土地的肥力 / 060

土地的含义 060

增强土地肥力 061

土地肥力报酬递减倾向 062

人口压力与土地价值 065

人口对土地的影响 067

渔场、矿山和建筑用地的报酬规律 069

第 3 节　人口增长 / 071

《人口论》 071

结婚率与人口出生率 072

第 4 节　工业训练 / 076

一般能力与专门技能 076

普通教育与工业教育 079

国家的教育投资 083

等级内和等级间的职业流动性 084

第 5 节　财富的增长 / 086

高价形态的辅助资本和积累能力 086

财产安全是储蓄的前提 090

货币经济发展对储蓄的影响 091

家庭情感是储蓄的主要动机 092

积累的源泉、公共积累、合作事业 094

现在的满足与延缓的满足 095

利率与储蓄 098

第 6 节　分工及机械的影响 / 100

熟能生巧 100

专门化可以提高效率................................102

机械对人类生活品质的影响................................103

零件配换制度的新时代................................104

机械的使用减少了工人生活的单调................................107

专门技能与专门机械的比较................................109

第7节　**大规模生产** / 110

原料的经济................................110

大工厂的经济................................111

规模生产带来收益的行业，产品多不易售出................115

大商店与小商店................................116

依靠地理位置的工业................................118

第8节　**企业管理** / 120

博学职业的直接交易................................120

管理者................................121

许多行业的经营风险与管理细节无关................122

理想工业家所需的才能................................124

商人未形成世袭阶级的原因................................126

私人合伙组织................................127

股份公司组织和国营事业................................128

合作社及利润分配................................131

第9节　报酬递增倾向与报酬递减倾向 / 133

　　报酬不变与报酬递增 133

　　人口密度与社会福利 135

第5章 **需求、供给与价值的一般关系**

第1节　需求和供给的暂时均衡 / 139

　　需求和劳作之间的均衡 139

　　劳动力市场的特殊性 140

第2节　正常需求和供给的均衡 / 141

　　未来估计的影响 141

　　生产费用与生产要素 142

　　代用原则 143

　　均衡产量与均衡价格 144

　　影响价值的因素 146

　　对正常价值的剖析 147

第3节　资金的投放与分配 / 151

　　自给自足下的投资动机 151

　　过去收支的积累与未来收支的折扣 152

　　代用原则发生作用的有利边际 154

企业经营中资源的分配...................155

第4节　边际成本和价值的关系 / 157

替代原则的又一例证...................157

纯产品的定义...................159

报酬递减规律的普遍性...................160

固定资本的收入与流动资本的收入...................161

租税转嫁问题...................163

第5节　边际成本和城市土地价值的关系 / 165

位置对城乡土地价值的影响...................165

位置价值的例外场合...................167

土地出售与土地出租...................169

报酬递减规律与建筑土地的关系...................169

各种建筑物对同一土地的竞争...................170

商铺租金与商品价格...................172

城市地产的混合租金...................174

第6节　从报酬递增规律看需求和供给的均衡 / 175

报酬递增规律发生作用的方式...................175

商品供求关系的复杂性...................176

第7节　垄断理论 / 181

垄断者重视最大限度的纯收入...................181

垄断收入表 182

不同垄断税对生产的影响 183

垄断者能够保持企业经营上的节约 184

垄断者降低价格的条件 185

总利益与调和利益 186

统计研究对社会的重要性 187

第6章　国民收入的分配

第1节　劳动工资 / 191

竞争与工资 191

实际工资与名义工资 193

实物工资制 195

成败不定与就业的无常 196

补充所得与家庭所得 198

行业吸引力的决定因素 198

劳动供给和需求的特点的重要性 200

父母从上一代的立场为子女择业 201

成年劳工的转移 203

长期正常价值和短期正常价值 203

稀有天赋的报酬的归属 206

第2节　资本的利息 / 208

利息理论 208

借款人支付的总利息 211

利息用于旧投资时须慎重 213

货币购买力的变动和利息率的变动的关系 214

第3节　资本与经营能力的利润 / 216

企业家之间的生存竞争 216

替代原则对管理报酬的影响 218

使用大量借贷资本的企业家 220

股份公司 221

现代企业经营方法 222

利润率的一般趋势 224

资本的正常年利润率 225

周转利润率的决定因素 228

已投资本的收入 229

价格浮动对利润和其他报酬的影响 231

行业中不同类别工人的利害关系 233

第 1 章

导 言

第 1 节
经济学的实质

> 经济学研究的是有关人类日常生活的种种事务和思想的活动，最主要的是对人类生活产生重要影响的动机。货币是衡量动机的一种常用的表现方式，但人们的很多行为又是习惯使然。除货币以外，还有好胜心等因素影响着人们的行为。

经济学的动力研究

经济学主要研究在经济活动中产生的动力和阻力，动力和阻力的数量可以用货币的形式大概得出。但动机的质量，无论是高尚的动机还是卑劣的动机，都无法简单地用货币来衡量。

经济学研究的都是有关人类日常生活的种种事务和思想的活动，最主要的是对人类生活产生重要影响的动机。只要一个人不是一无是处，他在进行商业活动时都会表现出令人敬佩的特性。进行商业活动和其他社会活动一样，人都会受到感情、理想和责任的影响。最优秀的发明家和拥有先进管理方法的管理者，他们的工作动力并非仅仅来自对金钱的追求。他们能够不断追求更高的目标，好胜心是一个很大的因素。

但工作中最本质的动力还是对工资的追求，特别是对普通人来说。这种对自己工作付出的物质方面的回报，才是他们最坚定的动力因素。获取工资的欲求是相同的，但怎么把这笔钱花出去，就能看出很多不同。有些人花钱是为了满足自己的某种私欲；有些人则是为了帮助别人；有些人是为了某种崇高的理想；也有些人是出于某种卑鄙的想法。总之，从一个人如何花费自己的工资，可以看出此人的本性。

在所有社会学科中，经济学是最值得研究的。因为它对事物的评价、判断都是建立在对金钱的精确衡量上的。这种略显客观的评价标准，使得它具备了别的社会科学所没有的精确性。这种精确性是经济学的一大优势，就像化学中的配平一样，虽然会存在差错，但跟其他学科比起来，已经具有很大的优势了。当然，经济学的精确性和自然科学是不能相比的，因为它归根到底是一门研究人的学问，而人是不断变化并发展着的，没有办法精确。

经济学能在众多社会科学中脱颖而出，在很大程度上是由它的工作范围决定的。经济学主要研究人性中的欲望、理想和其他本质性的感情，这些都可以用某种外在的方法表现出来。这样就能够通过诸如货币这样的形式衡量出来，所以经济学比其他社会科学更有可能追求严谨、精确的研究方式。衡量方法越精确，获得的动力就越大，可以用来研究的科学方法就越多。我们在做选择时，衡量方法的精确性就显得格外重要，这时，科学方法就有了用武之地。

我们现在所说的衡量方法并不是直接通过人的情感本身来使用，而需要通过情感表现出来的结果来衡量。这个衡量过程具有复杂性，每个人准确感应自己每刻的感情变化都很难，更别说揣测别人了。我们只能从感情的外在表现方式去寻找一些蛛丝马迹。

人类的情感有多种，有些很复杂，有些则是本能反应。但即使面对较为低等的感情变化，我们仍然只能从间接的方法去研究感情的结果形式，比如说物质带来的开心或难过的情感状况。而且只有这种开心或难过的感情同时在一个人身上发生时，这种比较才会精确。

如果我们想要比较不同物质带来的满足程度，是不能够直接得出结论的。我们只能比较进行活动的动机来得出结果。如果现在有两件可以使我们产生愉快心情的事摆在面前，为了得到这种愉快感，很多人会为之付出辛勤的劳动。对他们来说，这两件事带来的满足感是相同的，因为它们同样可以使人产生很强的动力。所以我们需要从能够激发人们做出某种活动的动力中来衡量他们的心情和感受。虽然这些动机存在着各式各样的差异。

经济学家对人的各种感情状态的研究，不是通过感情本身得出的，而是通过对感情的表现方式得出的。经济学家在工作中使用的方法，同普通人在日常生活中做的没有多大区别，仅仅是多了些耐心和高深的理论指导罢了。比如说，他如果觉得不同感情所呈现的精神动力是一样的，他就会带着这种既有的想法去把它们当作表面上相同的。经济学家不会去研究比较人类不同感情间的区别，也不会去比较精神的和物质的区别。他做的和我们平常做的一样，即通过既定的结果去推测做出这种结果的行为所具备的动机状态。经济学家在进行研究时，跟平常谈话的区别是，他们需要采取更严谨的态度和投入更大的精力。经济学家在研究中更多的只是关注外在观察所得，而非对人本质深层次方面的研究，所得出的结论也多是暂时性的。但这并不表示他们不注重深层次的研究。恰恰相反，在经济学研究中，对人类深层次的研究对一个人性格的形成是有很大用处的。当研究到宏观的社会问题时，经济学家也像其他学者那样，将着眼点放在有关人类社会的共同利益之上，并且会对实际的功能做出严谨的考虑。我们一直提到的满足感，只要具备相等的物质方面的收益，它们的动力因素便是相同的。这些价值方面的研究对经济学来说，是最基础的部分，但也是必须的部分。

衡量的方法

同是 1 先令，对一个穷人和一个富人产生的动力是存在很大区别的。但经济学家关注的是不受个人特性影响的较为普通的大范围的结果。

金钱可以作为衡量的方法，但并不是唯一的方法，对动机的研究还需要从其他几个方面来综合考察。

第一个问题是，同样数量的货币，对不同环境下的不同人来说，带来的满足感和快乐感有很大的不同。对同一个人来说，1 先令产生的意义，在不同的时间、不同的环境下会有很大的不同，这是因为，一个人拥有的财富不是一成不变的。他可能此时十分富有，彼时又成了一个穷光蛋。随着这种财富的变化，他内心的感受会随之发生变化。而对有相同经历的人来说，同样的事件对于他们也会产生很大的区别。

对某些不是很敏感的人来说，他们也容易对某些特殊的感情十分敏感。与此同时，个人对苦乐程度的接受度，跟他接受的教育以及本身的天性是有关系的。

那种认为只要收入相同，对待金钱的收入和支出产生的感情必然相同的观点，是很不科学的。如果我们对两个年收入都为300镑的人各自征收数目为1镑的赋税，他们产生的情绪并不一定会相同。虽然他们同样有300镑的收入，同样都要放弃1镑的财富，而这1镑对他们来说都是微不足道的，但这种放弃产生的感情强烈程度还是有区别的。

我们可以选取较为广泛的平均下来的结果，将每个人的特性相互中和，对有着相同收入的人来说，将他们获得或者失去相同金钱时的反应进行比较，可以得到比较精确的衡量结果。

第二个要考虑的问题是，付出相同的金钱，穷人比富人需要的动机更为强烈。

如果我们加进对人们的行为和动机的考虑时，这种差别的存在来源会变得更少。经济学采取的研究方法，基本是按社会上存在的阶级间的比例来选取对象的。在制造快乐时，如果两件事花费的金钱数量是等量的，它们带来的快乐感也应该是相等的，这种想法是合乎我们日常的思维习惯的。假如让我们从世界上任意选取两个地方，将那里的居民作为研究对象。这些居民将他们收入的一部分按照自身情况按比例用来做公益事业，就会产生这样一种可能：他们的物质财富越丰富，他们享受到的幸福和得到的进步就越大。

经济学研究的真实性

经济学是一门研究人的学问，它侧重的是人们生活中真实的状态，而非虚幻的设想。

我们暂时可以得到这样一个结论：经济学家对个人行为的研究，并不只是纯粹从这个人的个人生活中去探讨，而是从个人和社会的关系出发去研究。所以，个人性格方面的特征，往往会被经济学家忽略。经济学家的观察范围，有时会是某一类人的行为；有时会是整个国家民众的行为；有时只是专注于某一个地区内部人的行为。但他们重点关注的，是在特定时间特定地点下从事特殊职业的人的活动。通过统计学和其他学科的帮助，经济学家很容易得出，他们的研究对象愿意承担的物品的交换价值是多少。通过这种方法得出的结果，并不是精准的，这是由经济学本身的社会性质决定的，它不可能像自然学科那样达到精确无比的状态。

经济学能达到的状态是比较正确的，很多资历老到的经济学家都可以运用自己的专业知识和经验对某些情况做出精准的判断。比如说，想要在某个地方开办一家新的公司，经济学家很容易计算出这家新公司应该对各级员工付出的报酬范围。如果让经济学家到陌生的企业去参观，他们只要仔细观察工人的技术熟练程度以及工作对工人造成的影响，就可以大致说出他们的工资报酬。更厉害的是，经济学家能够根据观察推测出某种商品在供给减少的情况下会带来什么程度的涨价幅度，以及物价变动时对供给产生的影响。

在以上研究的基础上，经济学家可以进一步分析决定各种工业的地区分布的原因，住在偏僻地区的人互相交换货物的条件等。此外，他们可以解释和预言信贷变化对对外贸易的影响，某种赋税从原本的被征收者身上转移到它的直接消费者身上带来的影响和产生的效果，等等。

总之，经济学的研究对象是我们现实世界的人，是可以触摸到的客观存在的实物。在经济学家的研究范围里，"人"在进行商业活动时，往往会带有某种较为自私的想法，他既有虚荣心，又具备不严谨的做派，做好工作的目的也并非因为喜欢，不过也会为了国家、家庭和朋友牺牲自己的利益。动机的效果是很有规律的存在，我们可以通过研究将其准确推断出来，并用结果来证明这种推断的正确性。在这样的基础上，经济学将是一门科学的存在。

第2节
经济学研究的目的与课题

> 经济学的研究目的主要有两个，一个是为了获得纯粹的知
> 识；另一个是为了解释清楚现实的情况。经济学研究的课题包
> 含很多方面，几乎生活的方方面面都有涉及。当然，作为一个
> 优秀的经济学家，想象、知觉、推理、谨慎都是其不可缺少的
> 素质。

研究目标

经济学家在学术研究中必须实事求是，对范围内的事实进行
细致的研究，虽然这些事实不是我们要寻求的答案。历史是对事
实的记载，我们需要采用推论的方法从中得到我们需要的那部分。
在实际工作中，我们需要学习各种常识，在面对问题时，才能做
出正确的判断。总之，经济学就是一个正确运用常识并以此来帮
助研究经济的一种方式，可以使需要对特别的事件进行收集、整理、

研究的工作变得容易。经济学的研究范围虽然不是很大，而且必须有常识的帮助，但它同样可以使常识的力量变得更加强大起来。

对一定条件下人们进行的活动做出倾向性解释，就是经济学中规律的体现。

自然科学中的规律之所以是假设性的，是因为这些规律中往往包含着很多不确定的因素，经济学中的假设也一样。但是，相较于物理学这样的自然学科，经济学要想将这些因素搞清楚，难度更大，但如果不加以研究，危险也较大。人类社会中的规律，并不像地球引力那么简单，但和烦琐的自然学科相比，还是有较大相似度的。

经济学之所以成为一门独立的学科，主要是因为它的研究对象是我们人类行为里最容易被衡量出来的部分。这种行为相对其他部分来说，更容易用科学的方法进行研究。我们所说的衡量，不是指动机本身，而是产生动机的来源。金钱从来就不是完美无缺的衡量形式，它适合于研究贫富问题。否则，金钱算不上一种合适的衡量方式。不过，如果我们在使用的时候谨慎对待，它还是可以成为一种比较合适的形式。

理论研究必须与事实研究同时进行：对近代问题的研究，近代发生的事实是有用处的。古代的经济记载是不适用和不可靠的。古代的社会情况，如经济、教育、政治、生产生活方式等和近代的情况是迥然不同的。

经济学的研究目的有两个：第一个纯粹是为了追求知识；第二个是为了解释清楚现实的情况。在进行研究之前，对这些研究成果的用途进行衡量是十分必要的，但这不能被直接用来作为对工作进行规划的参考。如果这样做，往往会碰到现实和预想不一样的事情，这时候我们便会毫不犹豫地将不符合想象的状况剔除。对实际目的的直接追求，使得各种知识点都聚集起来，这种结果纯粹是由于同样的目的才出现的。这样就会把我们的精力浪费在这些知识本身上面，而得不到创新。

正确的研究方法是，将那些在本质上相同的事件和论断收集起来，为了某种科学性的目的进行研究。如此一来，就可以触类旁通。长此以往，规律的特性就很容易被我们获得。

主要课题

关于经济学的研究课题，我们引用一些著名经济学家的说法来进行说明。

"工业社会以来，影响物质财富生产、分配、交换和消费的因素是什么？产业和商品交换的程序是怎样的？大金融市场和批发零售的小规模市场有什么不同？工人和资本家的关系是怎样的？所有这些事物之间存在着一种怎样的关系，它们目前的情况和最后的结果会产生怎样的影响？"

"一种商品的价格因素，会受到哪些条件的限定？社会中一个阶层的人如果增加了财富，这会使福利得到怎样的改善？如果某个阶层所获得的收入不足以支撑自己的生活，又会对社会的生产造成怎样的影响？如果某些人的收入得到了提高，这往往是因为他们工作能力提高了，不过这样的一种结果会达到怎样的程度呢？"

"对不同地区、不同条件下的不同人来说，经济的自由程度对经济的影响力如何？除此之外，还有哪些因素存在着影响力？如果这些因素统统作用到一起会怎样？特别需要重点指出的是，因为经济的自由度所产生的结果，如果作用于垄断这样的组织，会产生怎样的结果？社会上不同的人对自由经济的作用会产生怎样的态度？不同制度下的赋税是怎样的？国家的赋税制度对不同的人群有什么影响？"

现实总是风云变幻的，现实中的问题会随着时间和地点的变化而变化，这种实际上的变化往往比书本上的材料大得多。我们下面提到的种种问题，目前在英国已经显示出了紧迫性。

我们所考虑的问题是，怎样采取行动才可以使自由经济发挥出最大的优势，同时将它带来的坏处降到最低？假设它产生的最终效果是好的，但中间会产生很多危害，而遭受危害的人群却无法享受最终的好处，他们就是在牺牲自己的利益为别人提供幸福。这样的结果是不是正确的？

如果我们将平均分配财富的行为看作正当的，就可以证明改变经济制度或者干预企业自由竞争的行为是正确的，就算总的财富数量会因此缩水也无所谓，但这到底会是什么样的情况？

换个说法，如果我们需要牺牲国家的物质财富来使生活在贫穷状态下的人们提高生活的质量，那么这种做法就是值得肯定的。至于应该达到怎样的程度，则是不确定的。假如社会大同，领导者也一直努力向上，这样的做法会产生怎样的结果？国家的税收又应该以怎样的方式分配出去呢？

对目前的社会分工形式，我们应该满足吗？对于很多只是从事没有前途的工作的人来说，他们的选择是正确的吗？企业付出时间和精力对新人进行培训和教育，使他们增强工作能力，这样的行为现实吗？

对生活在现代文明中的我们来说，个人和公共关系究竟应该怎样定义？对于团体来说，带有利己动机的公共活动，包含利己的成分有多少？哪些商业活动需要在政府的引导下进行？比如说，我们对社会生活中的物质需求以及其他需求应该采取怎样的手段获取，获取的程度是否已经达到标准？

如果政府不直接参与管理，它能容忍的最大限度是什么？对垄断性的行业，政府应采取怎样适当的手段进行干预？对于土地这种不可再生资源，该采取怎样的干预手段？将现行的一切财富的权益保存下来是否必要？

目前流行的使用财富的方式是否完全恰当？在一些经济关系中，如果政府对私人经济活动采取较为强烈的干预手段，往往结果会事与愿违。这个时候，如果采用道德的方法进行干预，效果将会更好。但道德起到的作用有多少？一个国家对内和对外的政策，在哪些方面会产生不同？

从上面的讨论中，我们可以得出这样的结论：经济学研究的对象，是关于人类社会中政治、社会和个人所有的有关经济方面的研究，不过它的侧重点在于社会生活这方面。经济学研究的用途，是为了得到知识而去寻求知识，同时兼得一些实际的收获。

第 2 章

若干基本概念

第 1 节
财 富

> 人们想要获得的用以满足人类欲望的东西我们可以称其为财富。一个人的财富是由他外在财货中那些能用货币衡量的部分构成的。财富根据不同的占有者可以划分为个人财富、公共财富、国家财富和世界财富，而所有的财富都可以用价格来衡量。

财 富

一个人的财富，通常包括这个人拥有的两种财货。

其中一种财货，指依据法律或风俗习惯，一个人拥有私有财产权的那部分物质财货。并且，这部分财货可以用来转让和交换。这种财货包括很多，如土地、房屋、家具、机器和其他一些可以单独私人拥有的有形的东西；公营公司的债券、股票、抵押品和一个人所保有的能够向其他人索取货物或货币的契约。一个人背负的债务也属于这种财货，只不过是负财货。一个人的净财货指从他所拥有的财产总量中扣除负财货剩下的财货。

还有一种财货，指一个人所拥有的、存在于这个人自身之外的那些非物质的财货，并且这些财货必须可以用来获取物质财货。因此，人的自身特性以及他的才能（包括这个人的生存能力）都属于人的内在财货，而不属于这种财货。另外，如果一个人的个人友谊没有明显的经营价值，这种友谊也不属于这种财货。

所以，一个人的营业和职业的关系以及他的企业经营组织都属于第二种财货。这种财货所包含的财货必须属于经济学范畴，又被看作经济财货。这种财货包含所有客观实在的东西，这些东西只能是某一个人拥有，而且只能用货币来衡量。这种衡量涵盖了两方面的内容：其一，表示人们为生产这些东西付出的努力和牺牲；其二，表示这些东西能够满足人们的欲望。

财富的广泛适用性

所有个人的财富用"财富"一词来说明，是比较合理的。对财富采用一种比较宽泛的解释是为了达到某种目的。我们还要根据上下文特别说明来看财富，否则极容易混淆。比如，一个木工，他的专业技能正如他工具箱中的工具一样，是一种他用来满足他人物质欲望，进而间接满足自己的欲望的直接手段。如果这种技能可以用一个名词来说明，并且这个名词可以被看作广义上的财富的一部分，情况就显得非常方便了。

根据亚当·斯密的说法和大部分欧陆经济学家奉行的原则，我们认为，凡是一切直接对人类获得产业效率有帮助的精力、才能和习惯，都属于个人财富的范畴。另外，在狭义上的财富中，各种经营关系也属于个人财富。

人们从事产业的能力属于财富的一个原因，是因为我们可以对这种能力的价值进行间接衡量。如果将人的产业才能包含在"财富"一词里，很容易造成混杂的局面。"财富"这个词应该只是用来指称一个人外在的财富。只不过，当我们使用"物质的与个人的财富"这个短语的时候，好像没有什么不当之处，反而会带来某些益处。

国家财富

在考虑由个人财富组成的国家财富时，国家财富中会有些容易被忽视的因素。这些被忽视的因素也在我们探讨的范围之内。所有种类的物质财产是国家财富最显著的表现形态，如道路、运河、建筑物、公园、煤气厂、自来水厂等就属于这种物质财产。我们要注意的是，在这些物质财产中，有很多是依靠向公众借款建造的，不是依靠公众的储蓄建造的，这些大量的借款，即债务，也是财富，只不过是负财富。故此，在统计这类财富时，就需要扣除这些负财富。

英国的泰晤士河，给英国带来了巨额财富。泰晤士河对英国的贡献，大大超过了英国其他运河，也超过了英国所有的铁路。我们知道，除了泰晤士河已经改善的航运外，泰晤士河是大自然的馈赠，而运河则是由人工开凿的。即便如此，因为种种原因，我们还是把泰晤士河归入英国财富的范畴之内。

涉及国家财富的某些问题时，重视国家财富中的非物质因素是合理的，就像德国经济学家做的那样。但是，这种重视并不能用在关于国家财富的所有问题上。无论在哪个国家发现的科学知识，不久都会成为整个文明世界的财产，进而成为全世界的财富。此外，机械发明以及很多生产方法上的改善和进步、音乐等都是这个道理。当然，许多文学作品在翻译成其他国家的文字的时候，常常会因为不恰当的翻译而失去原来的韵味。这种情况，在某种意义上就可被视为那些国家使用本国文字撰写成的他们国家的财富的流失。由于某些特殊原因，一个拥有自由并且井然有序的国家组织，是能够成为国家财富的重要因素之一的。

　　国家财富，由个人财产和全国民众共有财产构成。当我们估算国民的个人财产的总量时，为了减少不必要的问题，就需要省去该国国民彼此之间的所有债务和义务。举一个具体的例子，当我们估计英国的国家财富时，在涉及英国国债、英国铁路债券时，只要是这些国债和债券是英国人民拥有，我们只需要将英国铁路和政府债券排除在外，而只考虑英国铁路是国家财富的一部分就可以了。然而，如果外国人拥有英国政府或英国国民个人发出的债券，在估计英国国家财富时，需要排除在外；英国人拥有的外国债券却要被算在国家财富之内。

　　世界财富和国家财富之间的不同，与国家财富和个人财富之间的不同极为相似。为了便于计算世界财富，一国国民与他国国民之间的债务，可从收支两方面中扣除。我们知道，一国的河流是该国的国家财富。同样，地球上的海洋则是世界财富最有价值的一部分。因此，世界财富的概念是国家财富的概念在整个地球上的扩大化。

个人财富的所有权以他所在的国家的法律为依据，国家财富的所有权以国际法律为依据，抑或二者把可以产生法律效力的风俗作为依据。故此，无论探讨何时何地的经济状况，我们都要考虑当地的法律和风俗。

价值与价格

价值的概念和财富的概念紧密相连。亚当·斯密曾对价值做过这样的解释，他说："'价值'一词包括两种不同的含义：其一，指某些特殊物品的效力和用途；其二，指由于占有该物品而获得的购买其他物品的能力。"随着人们实践的发展，已经证明了"价值"一词不适用于亚当·斯密所说的第一种含义。

能够被称作有价值的物品，是可以在任意时间和地点内同其他物品进行交换的东西。"价值"一词是相对的，它说明了某一时间和地点内两件物品彼此之间的关系。我们知道，某样物品的价值，可以称作它的交换价值。这种价值，指能够在交换的那时那地获得的并且可以同第一种物品进行交换的第二种物品的数量。

随着社会的发展，人们一般采用货币来表示物品的价值。因此，我们不是用物品与物品彼此表示价值了，而是使用通行的货币来表示物品的价值，这样所表示的每样物品的价值就是价格。举个例子，对于铅和锡两者的价值，不需要彼此表示。我们只需知道在任意的时间和地点内，1000 千克铅可以用 15 镑来表示，1000千克锡可以用 90 镑来表示。我们也知道，那时那地的 1000 千克锡的价值相当于 6000 千克铅的价值，这就是铅与锡的价值。

所有物品的价格随着时间和地点的变化而不停地发生变化。对每件物品而言，这种变化发生的时候，货币购买力也随之改变。例如，假如货币购买力对一些物品来说有所上升，而对另一些重要的物品来说却有所下降，此时货币的一般购买力，即货币购买一般物品的能力，没有发生变化。任何物品的价格能够表示该物品和一般物品相比时的交换价值，即可以表示该物品的一般购买力。

第 2 节
生产、消费、劳动和必需品

> 我们可以生产新思想，但我们不能生产物质。物质本身是无法由人创造的，人们生产和消费的只是效用而已。人们生活所需的物品可以分为必需品、舒适品和奢侈品，其中对维持产业工人效率的必需品的分析，有助于我们探讨有效劳动的决定因素。

人类生产效用

我们可以说，随着时代的发展，人们在道德和精神领域中生产了许多不同于以前的新思想。但是，我们不能说人类生产物质的东西。物质本身是无法由人创造的，因为人们生产和消费的只是效用而已。人类对物质所做的一切努力和付出的代价，只是使物质的表现形态或者排列结构发生改变，进而使该物质能够很好地满足人们的欲望。对于自然界中的物质，人们能够做两方面的工作：其一，整理物质，使它们具有使用价值。例如，木料在被人们做成桌子以后，就变得对人们更加有用；其二，努力使该物质借助于自然的力量而变得对人类有用。又如，人们在自然力量有利于种子生长的地方播种，就可以达到种植的目的。

有人认为，商人不参与生产活动。比如，家具是由木工制造出来的，家具经销商则是销售木工已经做好的家具。显然，这种区分是没有严格的科学依据的。其实，木工和家具经销商都是生产效用，并没有生产出其他的东西。因为家具经销商所做的是挪动和重新整理物质，以便使物质能变得比以前更有用，而木工的工作也是同样的道理。矿工在地下采煤，船员和铁路工人在地上搬运煤，这看似有些不同，其实他们都是在生产煤的效用；捕鱼人和卖鱼人都是将鱼从需求量小的地方移动到需求量大的地方。不过，市场上对经商者人数的需求常常少于商人的实际人数，这样就会造成某些资源的浪费；如果两个农人做一个农人就能完成的工作，也会产生浪费。在这两种情形中，所有参与者都参与生产活动，只是他们可能生产得不多。中世纪时，有人认为贸易不参与生产活动，就极力指责贸易活动。现在，仍有人重蹈覆辙，对贸易活动进行批评、指责。其实，这些批评者混淆了指责对象。他们不应该指责贸易活动本身，而是应该指责贸易中的欠缺完善的组织，特别是其中的零售贸易组织。

通常，消费被称作负生产。人类生产许多服务和非物质的东西，即人类生产效用。同样，人类对于这些服务和非物质的东西的消费，也只能是效用。人们的生产，不过是移动和重新整理物质，以便使这种物质具有使用价值。同样，人们的消费只是重新排列物质的次序，并对物质的效用有所破坏。关于消费，西尼尔曾经说过，人们所消费的东西，是被诸如时间之类的渐进的力量破坏掉的。

此外，人们曾经认为，消费者财货和生产者财货之间的差异非常重要。消费者财货指能够直接满足人们欲望的东西，如食物、衣服等；生产者财货指有助于消费者财货生产而间接满足人们欲望的东西，如织布机、原棉、耕犁等。现在，这种差异变得模棱两可了，实际作用被削弱。

"生产"的多义性

人们劳动的目的是达到某种结果。但纯粹为了努力本身而做的努力，并不属于劳动，比如人们为了享乐而进行的某些竞赛。严格地说，劳动是人类依靠心智或身体所做的努力，主要为了从中获取利益，而不是为了直接从这种努力中获取快乐。有些劳动对人们的目的不起作用，即不产生效用，这些劳动就不能被看作生产。除此之外的劳动，都可以称作生产。

然而，"生产"一词的含义已经发生了许多变化。在这些变化中，"生产"的含义与不断积聚的财富有十分密切的关系，它并不看重当前的、一时的享受，有时甚至不包含这些享受。根据习俗，这个词的核心概念指将来（不是现在）能够满足人们欲望的意思。

诚然，奢侈的娱乐为人们的努力提供了动力，这些娱乐（无论奢侈与否）都是公共的和私人的活动的正当目的。如果人们放弃追求暂时的奢侈欲望，但人们从事产业的效率和精力没有受到不利影响，人们就可以把暂时的奢侈欲望放在一边，转而追求更加坚实和长久的资源。这些资源不但能够促进产业向前发展，还将丰富人们的生活，进而促使整个国家获取丰厚的利益。人们在研究经济学理论的各个阶段都讨论过这种观念。许多经济学家还根据这种观念对各种行业进行了划分，即生产的行业和不生产的行业。

举例说明，亚当·斯密认为用人属于生产的行业，不少经济学家持有相同观点。其实，大部分专门蒸煮威士忌酒的人与这种用人的情形是一样的，但没有经济学家把他们划入不生产的行业。同样的，为一个家庭烘烤面包的烘面包者所做的工作，同专门烘烤马铃薯的厨师所做的工作，两者性质是一样的。如果这个烘面包者换成糖果商，抑或换成一个高级面包师，那么这个人在不生产的劳动（通常，不生产的劳动指某些人提供的不必要的享受的劳动）上消耗的时间至少与家庭厨师是相同的。

"生产"一词单独使用时，主要指两种生产，即生产资料的生产和持久享受源头的生产。我们无法很好地驾驭"生产"一词，这说明在要求用词精准时，我们不能使用这个词。此外，当"生产"被用来表达有差异的意义时，一定要有特别的说明，如生产必需品的劳动等。

总之，在探讨物质财富的积累方面，名词"生产"有很大的帮助。一方面，生产的目的是消费；另一方面，凡是有益的消费，都能形成利益。但在这些利益中，许多最有价值的利益，对物质财富的生产并没有直接的促进作用。基于以上原因，"生产"一词就非常容易让人产生误解。

必需品

必需品、舒适品和奢侈品三者很容易区分。必需品指人们急切所需的东西，即必须满足的人们的欲望。与必需品不同，其他两者指人们不是十分急切所需的东西。即便如此，我们仍然没有很好地阐释必需品。必需品是指维持生活的必需品，还是指维持效率的必需品？

对"必需品"一词的使用，我们要十分谨慎。必需品具体指哪一类东西，由读者根据自己的理解进行添加。有时，读者并不知道其中隐藏的东西，这时读者就会误解作者的意图，进而给作品添加一个与作者本意相违背的东西。为了避免这种误会产生，在重要之处，作者要向读者明确地表明自己的意图。长期以来，人们认为，必需品指劳动者满足自身及家人的基本生活需要的东西。

舒适和高雅的衡量标准，亚当·斯密及其支持者曾经有过研究。他们指出：不同的地方，气候和风俗不相同，因此，某种东西在一个地方是必需品，但在另一个地方可能就是不必要的东西。当时，亚当·斯密深受重农理论影响，法国的大部分人都认为，能够满足生存所需的东西才是必需品。除此之外，法国人不清楚其他所谓的必需品。随着时代的发展，我们能明白：任何时间和地点内，无论哪一种产业的收入所得，都包含两方面的内容。其一，为了满足该产业所有员工生活所需的那部分收入；其二，用来维持该产业生产效率所需的那部分收入。

在我们估算必需品时，除了有特殊说明外，我们都必须把估算的前提限定在特定的时间和地点内。我们认为，所有产业阶级的收入水平都低于该产业阶级的必需水平。这样，随着产业劳动者薪水长时间地增加，劳动者的生产效率就会提高。然而，通过改变习惯，我们或许可以减少消费开支，但是必需品确实不能够有任何减少。

习惯上的必需品

对维持产业工人效率的必需品进行细致分析，有助于我们探讨有效劳动的决定因素。假如，我们对维持当代英国普通农民和不熟练的城市工人以及他们各自家人的效率的必需品加以认真分析，我们就可以得到十分清晰的认识。这些必需品，主要包括一套拥有多个房间和便捷的下水道的住所、舒适的衣物、洁净的饮水、充裕的肉食和牛奶、少许的茶、基本的教育和娱乐设施等内容。此外，这种必需品还包括，劳动者的妻子在工作之余，能够尽到她作为母亲和妻子的责任这一内容。

我们知道，如果一匹马没有得到很好的饲养，或者一台蒸汽机缺乏煤的供应，这匹马的精力会受到损失，这台蒸汽机的作用也无法真正得到发挥。同样，如果不熟练的工人缺乏上述任何一种必需品，这个工人的工作效率就会受到影响。必需品的消费不能有一点儿减少和节约，一旦低于这种消费，就会产生更大的损失。

在某些地方，对烟酒的大量消费已经习以为常，这些东西可以称为习惯上的必需品。如果收入水平一般的人想要得到这些东西，就必须相应地减少用于维持效率的必需品。这些人的薪水一般不足以用于维持效率所需。当然，如果这些人的薪水既足够支付严格意义上的生活必需品，也足够支付习惯上的必需品，他们就不会面临薪水无法满足维持效率所需的情形。一般来说，产业工人习惯上的必需品属于生产的消费。不过，如果我们深入研究，就会发现这种习惯上的必需品的消费并不是真正意义上的"生产的消费"。对此，我们应当附加具体的阐释，用来指出习惯上的必需品是否属于"生产的消费"。

此外，那些被看作奢侈品的东西在有些情况下也可能是必需品。因为在某些情况下，生产者消费奢侈品，而这种消费本身也是一种生产。

第3节

收入与资本

本章主要讲了货币收入、经营资本、纯收入、利息与利润等基本概念。然后从私人观点将资本分为消费资本和辅助资本，又从社会观点对资本和收入进行了区分，指出资本具有生产性和预见性两种相对等的特性。

货币收入与经营资本

原始社会时期，人们的日常所需大多来源于人们自己的劳动。那时，人们的收入中很少是货币的形态。即便某个原始社会的人认真考虑自己的收益，他也不能看出明显的差异。

货币经济的不断发展，缩小了收入概念的范畴，即以货币形态表现的收益才是收入。"实物工资"，如免费使用房子、煤气、水等内容，属于工人的收入，却取代了货币工资的地位。一般来说，在经济学上，一个人的资本被视为在他的财富中用来获取货币形态的那部分收入。换句话说，一个人凭借经营的方式获取的那部分收入即经营资本。这两方面的内容都符合严格意义上的收入。

经营资本指人们用于经营的外在货物。人们出售这些货物以便得到货币收入，也可以用这些货物生产可以出售的其他物品进而获得货币。经营资本的内容包括很多，如工厂和生产者的经营设备（包括机器、原材料、供员工使用的衣食住等方面的物质）以及他们的经营信用等。一个人的所有物，还要包括他的权利以及凭借这些权利获取的东西，如一个人用抵押或其他方式发放的贷款。另外，在近代复杂的金融市场中，一个人对资本的支配权也属于这些所有物。当然，我们在估算一个人的资本时，必须扣除他的债务。

纯收入、利息与利润

如果打算以经营为生，人们就需要准备相应的原材料以及聘用员工。这样一来，人们的纯收入，指从所得的总收入中扣除了为得到总收入而付出的代价之后的那部分收入。

一个人名义收入的增加，是通过他为获得货币收入而做的所有努力；如果这个人是单纯地为了自己而做出努力，这并不能增加他的名义收入。若这些努力只是一些细小零碎的事情，我们就无须考虑。但是，假如一个人为了做这些事情而付出了相应的代价，这些事情就需要引起我们的重视。对这个问题，还需要说明一个名词——纯利益。

纯利益是一种真正的酬金。任何职业都存在工作疲乏等一些不利因素，而且任何一种职业的利益不是只包含货币工资这一种收入。鉴于这一事实，我们在计算每种职业所能提供的真正酬劳时，我们就要从该职业的所有有益的货币价值中扣除该职业的所有不利的货币价值，这样才能得到纯利益。

利息指借款人由于使用贷款而付出的酬劳与贷款之间的比率。一般情况下，人们用利息来表示从资本中获得的所有收入的等价货币。当利息用来表达相对于贷款的资本额的某一百分比的时候，资本就不再是现存的一般的东西，而是货币。例如，贷款100英镑，年利率是4%，则每年的利息就是4英镑。

利润指从资本中获得的所有纯利益，大于根据目前利率计算所得的资本的利息。某个经营者一年的利润，指在同一年中，该经营者的经营收入与经营支出之间的差额。我们根据该经营者拥有的机器设备、原材料等具有的价值在每年年初和年末之间的差额的增加与减少，来判断这些价值是属于收入还是支出。该经营者的经营收入，指在他所得到的利润中扣除根据目前利率计算而得到的资本利息（保险费用也要扣除）后剩余的那部分。这样，我们可以得到该企业的利润率。利润率指经营者的利润与资本在一年之中的比率。

第 3 章

论需求及其满足

>>>

第1节
消费者需求的等级

> 价格能衡量一种商品对个别购买者的边际效用，但价格不能衡量一切购买者的边际效用，因为每个人的购买力和购买欲望都是不同的。

欲望饱和律

商人或制造商买东西的目的与一般消费者不一样，他们是为了进行转卖或生产。他们的需求以最终可获得多少利润为依据。在任何时候，这些利润都要根据市场的风险和其他各方面的原因来确定。商人或制造商在买东西时支付的价格，最终要根据消费者对商品愿意支付的价格来定。因此，消费者的需求是一切需求的最终调节者。

在经济学中，效用（指物品带给人的愉悦或其他好处）通常被视为希望和欲望互相关联的代名词。我们无法直接衡量希望，只能通过由它产生的外部现象来间接衡量。这种衡量在经济学主要研究的事例上，是通过一个人为了让希望实现而情愿支付的价格来表现的。他的希望或许不是有意识地想要获得满足，但我们现在主要涉及的是想要获得的满足的愿望。在我们看来，想要获得满足的愿望，与购买东西时想要获得的满足大致相当。

尽管多样化的欲望是无穷的，但每一个个别的欲望是有限的。这一点，我们可用欲望饱和律（效用递减律）来解释：一种物品对一个人的全部效用，尽管会随着他对此物拥有量的增加而增加，但不会有拥有量的增加那么快。因为，如果他对此物的拥有量以相同的比率增加，那么他由此获得的好处却是以递减的比率增加的。换而言之，他因对此物的拥有量增加而获得的那部分新增的好处，会随着他拥有此物数量的增加而递减。

边际购买量是一个人在购买一件东西时，他刚刚被吸引购买的那一部分，因为此时他还处在买与不买的边缘，不知道它是否值得他花钱去买进。他的边际购买量的效用，就被称作这件东西对他的边际效用。如果最后他不购买这件东西，而是亲自动手制造它，那么这件东西的边际效用，就是他认为刚刚值得他去制造的那一部分。一件东西对一个人的边际效用，是随着他拥有此物数量的每一次增加而递减的。

边际需求价格递减

依据效用递减规律，我们可得到以下结论。

一个人拥有一件东西的数量越大，假如其他情况不变（即货币购买力和他拥有的货币数量不变），他拥有此东西稍多一点儿所愿付的价格就越小。也就是说，他对这件东西的边际需求价格是递减的。

一个人只有当他愿支付的价格达到商家愿出售的价格时，他的需求才是有效的。在同一时间内，如果一个人拥有的货币量不变，那么货币的边际效用对他来说就是一个固定的数量。

货币边际效用的变化

货币的边际效用是随着一个人财富的增加而减小的。一个人越是富有，他就越会增加对任何一定的利益所愿支付的价格。同样地，货币对一个人的边际效用是随着一个人的财富的减少而增大的，一个人越贫穷，他就越会减小对任何利益所愿支付的价格。

一个人的需求表

一个人的需求表是根据其需求情况，他对一件东西（比如说茶叶）愿付的价格表。这个表格，可以清楚地将他对不同数量的茶叶的需求价格表现出来。有了这个表格，我们就能了解一个人对一件东西的需求情况。

例如，一个人对茶叶的需求表：

每磅茶叶的价格	他会购买的磅数
50 便士	6 磅
40 便士	7 磅
33 便士	8 磅
28 便士	9 磅
24 便士	10 磅
21 便士	11 磅
19 便士	12 磅
17 便士	13 磅

从上表中，我们可以看到，茶叶不同的购买数量有相应的价格。我们可以清楚地了解到他对茶叶的需求情况。

为了正确地表明他对茶叶的需求情况，我们必须列举出他愿购买茶叶不同数量的各种价格。不说明他要购买不同数量的各种价格，而只是用"他愿购买的数量"或"他对愿购买某一数量的渴望程度"来表明他对茶叶的需要是错误的。

一个人对一件东西的需求量，是由此物的价格来决定的。在价格不变的情况下，他买此物的数量会比以前多一点儿，而当价格提高时，他则会买得跟以前一样多。一个人需求的总量增加，是他愿购买此物不同数量的全部价格的增加，而不是说按现行价格他愿意多买。

市场的需求

在上述研究中，尽管我们针对的只是一个人的需求，但像茶叶这种特殊的东西，一个人的需求就能代表整个市场的总需求，因为人们需要茶叶是经常性的。另外，茶叶不但可以少量购买，而且它的价格只要有变动，一个人的购买量也会随之改变。不过，对需要经常使用的东西，即使它们的价格经常稍有变动，但一个人对它们的需求不会不断改变。只有当它们的价格有大的变动时，一个人对它们的需求才会随之改变。

一个人对许多东西的需求都不是经常性的，只是偶尔的、无规则的。因此，对婚庆蛋糕或外科专家的服务，就不会有一个人的需要价格表。可是，对经济学家来说，他是不会考虑个人生活中的特殊和偶然事件的。因为，经济学家研究的只是"在某些条件下产生的一个产业集团的成员的活动过程"，而那种活动的动机又只能以货币价格的衡量为限制。

在多数人较为有规则的总体活动中，个人活动的多样性和易变性就消失不见了。所以，整个市场中个人的欲望就会消失于总的需要的较为有规则的等级之中。在其他条件不变的情况下，即使一件商品的价格略有下跌，它的总销售量也必然会增加。要想使一样商品在特定时期、特定地点的每一个数量，都能找到购买者，我们就必须先行做必要的了解之后，制作出一张标有不同价格的价格表。

为了找到购买者，商品的价格要随着商品数量的增大而降低；或者说，需求量会随着价格的下降而增大，并随着价格的上涨而减小。但是，价格的下降与需要的增加之间，并不存在相一致的关系。价格每下降 10%，也许会使销售额增加 20%。而当价格提高时，销售额总是会随之减少。

尽管价格能衡量一种商品对个别购买者的边际效用，但我们并不能说，价格能衡量一切购买者的边际效用，因为每个人的购买力和购买欲望都是不同的。

影响需求表的因素

在前面的需求表中，我们列出的需求价格，是指在特定时期和特定市场中，一件东西能出售的不同数量的价格。如果其中的任何一方改变了，价格可能会随之改变。另外，价格也会随着以下情况改变：因为习俗的改变，或因为与其竞争的某种商品的价格下跌，抑或因为某种新商品的出现。比如，假设在知道了咖啡价格的情况下，我们制定出了茶叶的价格需求表。如果咖啡收成不好，茶叶的价格就会提高。再比如，某种茶叶的价格下跌了，一种比它质量差的茶叶就会被它替代，这与由于电灯的改良就会减少对煤油的需求是同样的道理。

第 2 节
需求的弹性

> 需求弹性表示在一定时期内，价格在一定程度上的变动所引起的需求量变动的程度。商品本身的价格，商品的适用范围、消费者的偏好和消费者的收入水平都会影响需求弹性。

需求弹性

在其他条件不变的情况下，随着一种商品数量的增加，一个人对它的需求会递减，这是一种普遍存在的规律。而递减的速度，有时快，有时慢。如果递减速度快，那么随着价格的下跌，这个人购买量的增加会很小。在这种情况下，他的购买欲望没有随着价格的下跌而有任何扩大，也就是说他的需求弹性小。但是，如果递减速度慢，那么随着价格的下跌，这个人购买量的增加就会较大。在这种情况下，他的购买欲望就会随着价格的下跌而有很大的扩展，即他的需求弹性大。

无论价格下跌还是上涨，一个人对一种物品的需求都是有弹性的。整个市场的需求也存在着弹性。一般而言，根据需求量随着价格下跌而增加多少，或其随着价格的上涨而减少多少，我们就可以确定市场需求弹性的大小。

价格对不同阶级的影响

物品同一价格对不同阶级的人的影响是不同的。由于富人和穷人的经济实力有很大差距，所以富人认为比较合理的价格，对穷人来说，也许就相对较高，甚至超过了他的购买力。比如，富人大多经常畅饮葡萄酒，并且毫不在乎其昂贵的价格，但穷人们几乎不曾尝过葡萄酒的滋味，因为他们无力购买。因此，我们如果一次只考虑社会上的一个阶级，就能找到需求弹性的规律。

如果一种物品的价格对所有阶级的人来说都相当高，人们对此物的购买量就会非常少。但在特殊情况下，由于受风俗习惯的限制，即便是一种物品的价格下跌了许多，人们对此物的购买量也不会很多。因为，有些物品只能用于某些特殊场合，比如某种贵重的药品，就只能用在某种病人病情严重的时候。但是，一旦这种物品成了日常生活的必需品，那么其价格的大跌就会促使人们对它的需求量大增。无论对高价的还是中等价位的物品来说，需求弹性都是相当大的。

随着价格的下跌，需求弹性会不断下降，直到渐渐消失（当价格下跌到顶点时）。这个法则几乎适用于所有的商品和每个阶级的所有人，只有以下两种情况例外：其一，对不同阶级的人来说，高价终点和低价终点的水平是不同的; 其二, 对不同阶级的人来说, 低价终点和更低价起点的水平也是不同的。

人们对有些商品的需求容易达到饱和点, 当这些商品达到低价时, 其需求弹性几乎就完全消失了; 而人们对有些商品的欲望是无穷的, 即使它的价格下跌很大, 其需求弹性仍旧非常大。

在英国, 即便对穷人来说, 像食盐、香料、药品等这些东西的现行价格是很低的。人们对这些东西的购买量是否会随着它们的价格下跌而增大, 的确还有很大的疑问。

就肉类、牛奶、烟草、羊毛织品、进口水果与普通医疗器械的现行价格来说, 一旦它们发生了大的变动, 工人阶级和中等阶级对它们的购买量就会随之发生很大改变。但无论它们的价格如何下跌或上涨, 富人对它们的购买量也不会有多大改变。换言之, 工人阶级和中等阶级对这些东西的需求弹性很大, 而富人并非如此。但此类东西的总需求弹性很大, 因为工人阶级数量庞大, 对这些有能力购买的商品, 他们的总购买量比富人的总购买量多很多。

温室的水果、上等的鱼类和其他无比昂贵的奢侈品, 一旦它们的价格有所下跌, 中等阶级对它们的购买量就会有很大的增加。中等阶级对这些东西的需求弹性很大, 而富人和工人阶级却并非如此。这是因为, 富人对它们的需求几乎已经达到了饱和点, 而工人阶级仍旧没有能力购买它们。

除了富人之外, 人们对昂贵的酒类、高质量的医疗和法律服务等这些现行价格极高的东西, 几乎没有什么需求。可一旦需求, 这种需求的弹性往往会很大。对一些价格昂贵的食品的需求, 只是一种满足虚荣心的需要，并且这种需求几乎是无穷的。

影响需求弹性的因素

由上述研究可知，价格是影响需求弹性的一种因素，生活必需品却是例外。以小麦为例，不论小麦的价格高低，其需求都几乎没有弹性。因为即使小麦十分缺乏，但在人们的日常生活中，它仍是一种最便宜的食物；即使小麦产量很大，但在人们的日常生活中，它除了作为食物之外也不会有其他用途。

如果一件商品不是生活必需品，而且它容易腐烂，再加上人们对它的需求没有弹性，它的价格变化会很大。比如，一条新鲜的鱼刚在市场上出售时，价格很高，但两天或三天之后，它基本上就只能被当作肥料来出售了。

对少数一些东西，我们可以从它们的各种价格来观察其消费情况。比如水，当它处于适当的价格时，人们对它的需求是很有弹性的，因为能使它充分发挥各种用途；但当水的价格下跌到几乎为零时，人们对它的需求就随之失去了弹性。食盐的情况基本相同。食盐在印度的价格比在英国高，所以在印度人们对食盐的需求弹性就比在英国大。

但是，除了在人们丢弃的一些地方，房屋的价格从未下跌到很低的程度。由于房屋不仅为人们提供了方便，而且带来了社会地位，所以在社会环境比较好的地方，人们对房屋的需求总是很有弹性的。另外，除了以炫耀为目的，人们对于某种衣服的需求也是能达到饱和点的，当它的价格特别便宜时，它几乎也没有了需求弹性。

对高品质东西的需求，往往是根据感觉而定的。例如，有的人不在乎酒是否香醇，他只希望酒的量越多越好；有的人却很在乎酒是否香醇，他希望酒的品质越高越好。不过，对高品质东西的需求，容易达到饱和。

具有不同用途的东西，一般是很有弹性的。对水的需求就是这样，水可以用作饮料、烹调、洗涤等多方面。当不干旱时，桶装水的价格或许会低到连穷人也毫不在乎。尽管如此，穷人在烹调时一般两次会用一桶水，在洗涤时就用得更少。而中等阶级，或许在烹调时一般一次用一桶水，但在洗涤时就用得比较多，因为他们认为用桶装水比无限制地用水要节省很多。当水是以水管的形式供给，而且按水表收取很低的费用时，很多人在洗涤时就会任意使用水。但是，当水费不按水表收取而是每年固定，而且凡是需要之处都装有水管时，人们对水的需求也就完全达到了饱和。

绝对必需品（不同于常规必需品和维持效率的必需品）以及一些花费富人收入不多的奢侈品，基本上没有弹性。

第 3 节
价值与效用

> 消费者剩余指买者的支付意愿减去买者的实际支付量。消费者剩余衡量了买者自己感觉到所获得的额外利益。

消费者剩余

对一物实际支付的价格代表着占有此物产生的利益，而这种利益达到了怎样的程度，是需要我们仔细考虑的。关于这个问题，经济学家说得很少但却有重要的作用。

一个人在购买一件物品时，他支付的实际价格，一般比他情愿支付的价格低。所以，他因购买此物而得到的满足，往往要大于他因不愿付出代价而放弃的满足。从购买此物中，他获得了一种剩余满足感。而对这种剩余满足进行经济衡量的，就是他为了得到此物而情愿支付的价格超过他实际支付的价格的那一部分，我们可以称其为消费者剩余。

从不同商品中得到的消费者剩余是不同的。一个人为了得到一件物品，往往情愿支付较高的价格，如果最后他支付的实际价格较低，他便从中取得了利益。

消费者剩余与个人需求的关系

为了明白这个概念，我们现在对用作家庭消费的茶叶的购买情况进行考虑。下面，我们将以个人为例来说明。如果茶叶的价格为每磅 20 先令，则他刚好每年购买 1 磅；如果价格为 14 先令，则他每年购买 2 磅；如果价格为 10 先令，则他每年购买 3 磅；如果价格为 6 先令，则他每年购买 4 磅；如果价格为 4 先令，则他每年购买 5 磅；如果价格为 3 先令，则他每年购买 6 磅。但茶叶的实际价格为每磅 2 先令，而他也确实买了 7 磅。那么我们要研究的，就是他从以每磅 2 先令的价格购买的茶叶中，获得的消费者剩余为多少。

我们知道，当价格为每磅 20 先令时，他刚好每年购买 1 磅。这说明，他从这 1 磅茶叶中得到的满足，就等于他用这 20 先令购买其他东西所能得到的满足。

当茶叶的价格为 14 先令时，如果他愿意，仍然可以只买 1 磅。这样他就从支付的 14 先令中，获得了对他来说至少价值 20 先令的东西，而他得到消费者剩余至少为 6 先令。但实际上，他购买了第二磅茶叶，这就说明他觉得对自己来说，这第二磅茶叶至少价值 14 先令。与此同时，第二磅对他的效用也增加了。这时，他花 28 先令得到价值至少为 34 先令（20 先令加上 14 先令）的东西。

所以说，不管怎样，他最后得到的消费者剩余都不会因为购买了第二磅茶叶而有所减少，而仍然至少是 6 先令。这 2 磅茶叶对他的全部效用就至少价值 34 先令。对他之前想要购买的茶叶量，每次实际购买的增加量都起到了相反的作用，因为这一点在制作需求表的时候，我们已经考虑过了，所以就不重复计算了。

当茶叶的价格为 10 先令时，如果他愿意，仍然可以只买 2 磅。这样他就从所支付的 20 先令中，获得了对他来说至少价值 34 先令的东西，而他得到消费者剩余至少为 14 先令。但实际上，他情愿购买第三磅。因为，对他来说购买第三磅不会使他的消费者剩余减少。这时，因为他买 3 磅茶叶花去了 30 先令，其中第一磅至少值 20 先令，第二磅至少值 14 先令，第三磅至少值 10 先令。所以，这 3 磅茶叶对他的全部效用至少价值 44 先令。以此类推，我们还可以得到买 4 磅、5 磅、6 磅茶叶，对他的全部效用分别是多少。

当茶叶的价格为 2 先令时，他购买了 7 磅，这 7 磅茶叶的价值至少为 59 先令（20 先令、14 先令、10 先令、6 先令、4 先令、3 先令和 2 先令的总和）。这时，这 7 磅茶叶对他的全部效用至少价值 59 先令，而他从这 7 磅茶叶中得到的消费者剩余至少为 45 先令。那么，他从购买茶叶中所得的满足就是 45 先令，而这一满足比他以 14 先令（59 先令减去 45 先令）购买更多其他商品得到的满足要大。这是因为，他觉得要是多买一点儿这些商品，以它们的现行价格来说是不划算的，而且他得不到消费者剩余。换句话说，他购买茶叶的时机和环境与他对茶叶的欲望是相适应的，所以他才得到了价值 45 先令的剩余满足。如果这种适应不存在，那么不管他出怎样的价格，也得不到这种满足。而这种满足，与他从多用 45 先令购买的其他商品中得到的满足至少是相等的。对他来说，这些商品也刚好只值他实际支付的价格。

消费者剩余与市场的关系

在研究消费者剩余与市场的关系时，大多数人的平均数，是我们应该考虑的一个点。而在考虑这一点时，我们可以把个人性格上的差异忽略掉。如果在这大多数人中，富人和穷人所占的比重是相同的，价格对效用的衡量就是正确的。

对不同的人来说，相同数额的货币所代表的快乐是不一样的。但如果我们暂时不考虑这一点，就可以根据茶叶在整个市场的需求表中的价格总额，与茶叶的实际销售价格总额的比较结果，来对整个市场中茶叶销售提供的剩余满足进行衡量。一个人对各种东西支付的价格，并不能衡量出这些东西对他的真正价值。

研究一物的真正价值，依据的不是它与个别人的关系，而是它与一般人的关系。对大部分经济学研究的事件来说，它们对社会上各个阶层的人的影响几乎是一样的。在用货币衡量每个事件带来的幸福时，如果结果是相等的，这两个事件带来的幸福通常就是一样的。不论是在理论上还是实际中，都应注重对一个市场中的消费者剩余做出正确的衡量。

我们必须根据每种商品的需求价格，对它的全部效用和消费者剩余进行估计。在假设其他条件不变的情况下，一种商品的价格才能上涨到罕见的价格。如果用该方法来计算用于同一目的的两样商品的全部效用时，我们不能这样认为：两样商品合起来的全部效用，与每样商品各自的全部效用加在一起的总和是相等的。

一个人购买一物支付的钱越多，他对此物的购买能力就越小，而货币对他的价值就越大。如果我们对它加以考虑，它也不会影响我们论断的实质。虽然论断的实质不变，但它的形式会发生复杂的变化。这是因为，在此考虑下做的更正方面，它只包含很少的重要的实际问题。

但也存在着一些例外，比如在面包价格上涨的情况下，贫穷的劳动者家庭消费面包的数量不是减少了，而是增多。因为，面包价格的上涨，致使原本就很贫穷的劳动者家庭变得更加贫穷，还使货币对他们的边际效用变得更大。所以，他们为了节省开支，只好减少肉类和较贵的淀粉类食物的消费，而增加对他们来说价格仍是最低廉的面包的消费。然而，这种情况毕竟是少数。如果真遇到了这种情况，我们的研究就必须依据各种实际情况来进行。

我们不能正确推断，当一种物品的价格与人们通常对它的实际支付价格有很大的差距时，人们会购买多少这种物品。因此，除了接近平常的价格以外，我们的需求价格表具有很强的推测性。当我们推测任何物品的全部效用时，不可避免会出现差错。但这并不十分重要。这是因为随着商品的价格接近平常的价格的变化，消费者剩余也在发生变化。

我们估计福利对物质财富的依靠时，要仔细考虑一个人的幸福，不但要依靠他的外在条件，更要依靠他自己的内在健康。但这些条件中，对他的幸福至关重要的很多条件都容易被他忽略。

大自然会恩赐给每个人一些条件，如果每个人拥有的这些条件都是相同的，我们就没有必要再理会它们是否有害。但实际上，它们是不同的。不过，在这些条件中，还有很多是属于共同财富的因素。但这种共同的财富在估计个人财富时常被忽略。然而，在我们对近代文明世界的各个部分进行比较时，对这种共同财富的考虑就变得很重要；在我们对现在的时代与之前的时代做比较时，对它的考虑就变得更为重要。

广泛的财富效用

我们在估计福利对物质财富的依靠时，所指的是对福利的衡量，是依靠对收入和由此而产生的支出的能力的衡量来实现的。虽然一个人通过对他现有财富的使用，可获得幸福，但总的幸福与他现有的财富总额之间并不存在直接的关系。

当一个人的收入足以维持生计时，他就开始从收入中得到满足了。他得到的满足会随着收入的增加而增加，也会随着收入的减少而减少。

在经过相当长的时间之后，新的财富中的大部分吸引力会消失掉。其中的一部分是由人们的习以为常造成的。一旦习以为常后，虽然人们会为失去惯用的东西而伤心，但他们从这些东西中已经得不到多少快乐了，所以就渐渐对它们产生了厌倦心理。另一部分是由下面的原因造成的：当人们越来越老时，对财富的厌倦情绪和紧张神经就会越来越强；更严重的是，随着财富的增加，他们会慢慢习惯身体活动的减少和快乐感受力的减弱。

佛教认为：最高尚的人生理想是淡泊名利、宁静致远；最明智的人会尽量剔除本性中的所有欲望、邪念；真正的财富不是拥有很多的钱财，而是具有清心寡欲的内心。然而，社会上还存在着另一种观点，它与佛教的看法完全相反。它认为：新的欲望的产生对人们总是有益的，所以人们要不断地努力。这些人把生活的目的看成工作，而不是把工作的目的当成生活，所以他们是错误的。

第 4 章

生产要素

第1节
绪 论

> 土地、劳动和资本是构成生产要素的三大元素。土地不仅指陆地，还包括海洋和空气以及从大自然其他方面获取的物质和能源；劳动是人类体力和脑力劳动的总和；资本指能为生产提供原料，同时也能满足自己需求的所有设施。

生产要素

土地、劳动和资本是构成生产要素的三大元素。这里的土地不仅指陆地，还包括海洋和空气以及从大自然其他方面获取的物质和能源。劳动就是人类体力和脑力劳动的总和。能够为生产提供原料，同时也能满足自己需求的所有设施都称为资本。资本不仅能够满足自己的需求，还是财富的主要来源，所以被看作生产要素的一部分。

资本分为私有和公有，大部分由知识和组织组成。生产力最强有力的动力是知识。我们征服自然，并从自然中获取生活所需的能力都来源于知识。从社会各行各业相互联系的企业组织，到保障社会安全，为多数人提供帮助的国家组织，组织拥有不同的形式，并且为知识提供帮助。知识和组织之间私有和公有的区别，随着时代的发展变得越来越重要了。在一些情况下还超过了有形资产的公私区别。由于这个原因，有时把组织看作一个独立的生产要素好像更合理。

尽管之前生产要素被分成了三类，但从某种意义上也可以分为自然和人类两类。在自然的基础下，人类凭借对未来的预测能力，积极地为未来的各种准备进行工作。资本和组织就是这种工作产生的结果。因此，只要自然和人类的力量保持不变，不随着时间的推移而减弱，那么财富、知识和组织就会日益积累。自然在形成人类的环境中发挥着巨大的作用。这样来说，人类就成为生产问题、消费问题、分配与交换问题的中心。

边际反效用和供给价格

价值和反效用或负商品的关系是建立在价值与效用的关系基础之上的。一件商品肯定有价值，这是由它本身的使用价值决定的，因为消费者需要使用商品的某一种价值，这时负效应或负商品就会影响消费者购买商品的决定。需要是基于获得商品的欲望，供给主要决定于克服不愿遭受"负商品"的心理。这种负商品大致可以分成两类：一类是劳动浪费；另一类是商品的滞销带来的浪费。

由劳动带来的负商品产生的原因有多种，比如由于身心长期的压力产生了疲劳，在不利于身体健康的环境中长期工作，与工作伙伴之间的不愉快，长期加班得不到放松。不管因为什么原因，劳动的紧张度越高，负商品的强度就越大，它们之间的关系是成正比的。

我们不能排除有的工作本身就需要工作者非常努力，尤其像文艺创作和科学发明这一类工作，但是同样不能排除一些难度较大的工作是为了满足别人的需要而开展的。

一般情况下，当人类在提到"劳动"这个词时，大部分指为了满足物质利益的需要。一个人劳动时，从内心来讲也希望能够在这个过程中获得一种心理上的满足感。但在长时间的劳动之后，身体需要休息，所以当这种劳动结束时，内心也会觉得很愉快。这两种心态似乎是矛盾的。但是一个人待业居家时，内心反而希望自己能够出去劳动，哪怕没有回报。尽管这种寻求劳动的愿望十分迫切，但还是会以正常的价格出售自己的劳动力，不会因此降低身价。

这种心态用经济学的专业术语来表示就是边际反效用。同样一件商品，数量增加，其边际效用就会下降。需要每有减少，不光是对这商品的最后部分而且对其全部所能得到的价格就随之下跌。和负商品相同的是，劳动的边际反效用总是随着劳动量的增大而增大。

人类本性可以反映出为什么有些人已经有了工作，却不愿意更加努力地进行劳动。刚开始工作时，他往往会遇到一些阻力，为了适应环境，赢得上司和同事的好感，他要付出一定的努力。

当逐渐适应了新的环境之后，这种压力就会慢慢减少直到完全没有。这个过程之后，工作带来的就是愉悦，就工作本身而言，当愉悦感出现时就会不断增长，除非因为特殊原因才会终止增长。当然，这种愉悦感和之前的压力一样，当增加到一定程度之后也会慢慢减少到零，随之而来的就是身心俱疲和对休息的需求。因为人能够使用的精力是有限的，只有经过适当的休息才能恢复。如果长时间处于高强度的工作之下，休息不够，健康就会受到损害。这一点大多数的老板都明白，所以加班时，他们都会给付加班费作为补偿。即使是这样，员工也不能长时间加班。因为负商品和劳动量的关系是成正比的，每当超过限度的劳动量时间增长，负商品和边际反效用就表现得越明显，就越需要休息。对工作增加部分的厌恶感增强，是因为留作休息和娱乐的时间减少了，对空闲时间的增加部分的喜爱就增大了。

当获取的报酬越来越少时，努力的程度会随着报酬的递减而递减。正像吸引购买者去购买一定数量的某种商品所需的价格，称为那个数量在一年或一定时期中的需求价格一样，对生产一定数量的某种商品必须做出的努力所需的价格，可以称为在同一时期中对那个数量的供给价格。假如所有生产都是凭借熟练工人完成的，就可以制作一张供给价格的表格，和需要价格表是类似的。原则上，在供给价格的表格上可以填上工人的工作量，还可以填上不同的工作量的价格分别是多少。但实际上，对工作的供给进行的所有研究，都是建立在人数固定的基础上的，这样之前的假设就不能长期使用。由于各种原因，人口总是在不停变化，其中平均的劳动收入对人口的影响尽管是不规则的，却占有很大的比重。

各个行业之间人口数量的分布和经济有很大关系。在所有行业内，不管程度大小，劳动的供给都是和劳动的需要相适应的。父母辛苦供子女读书的目的，就是为了他们将来能够拥有一份不错的职业。所谓的不错的职业，在父母看来就是，工作时劳动强度不算大，人能够轻松地掌握工作所需的技术，并且在工资和其他待遇上都能获得最大的报酬。

　　但这只是父母的美好愿望，在现实生活中，劳动供需之间的关系不可能达到那样理想的程度。工作的需要，可能会使自己所获得的劳动报酬在短期内或者长时间内和父母理想中的职业的报酬有所不同。所以，不管是什么样的工作，报酬的获取都和技术的难易程度、工作本身的劳动强度等问题密切相关，但是在中间会遇到很多问题来阻碍这种关系。

第 2 节
土地的肥力

> 本章主要讲述了土地的内涵，增强土地肥力的机械条件和化学条件，人类对土壤性质的改变，土地肥力的衡量标准，报酬递减规律及其适用范围，人口增加对土地的影响等一系列的问题。

土地的含义

有人认为土地和资金都是具有一定价值的具体实在的物质，主要区别在于是否借助了人类的劳动，只要是有人类的劳动在其中，就属于资本，反之则属于土地。这样的划分还不够准确，但是也有科学成分。物质是世界的基础，人类本身不具备创造物质的能力，却可以将物质改造成为有价值的形式，这样就创造了价值。根据最简单的供需关系，只要这种价值在需求上有所增加，就会带来供给的增长，这样价值就拥有了供给价格。

在经济学领域里，土地的含义远远大于地理意义上的含义。经济学所说的土地，除了它本来的含义之外，还包括了水源、阳光、风等。这些东西是没有供给价格的，因为人类无法掌控，只能由自然按照一定规律来实现。

土地的基本属性就是广泛性，关于这一点是从土地和通常认为的土地产物的区别中总结出来的。谁拥有土地，谁就有支配这块土地的权利。地球的面积是不会变的，所以地球上的一部分和其他部分的集合关系也是不会变的。这些是人力掌控不了的，同时也不受需求的影响，不会产生任何的费用，也就没有供给价格。

地球赋予了人类从事活动最基本的条件——提供活动的场所，包括了场所之内的自然环境。场所决定了人和人之间的距离，影响着人和人之间的关系，这是土地所特有的属性。土地这种特有的属性，是经济学家为什么要区别土地和其他物质的最根本的因素，同样也是经济学中很多问题产生的基础。

说到土地的生产力，最先想到的就是土地对农业的重要性。除此之外，土地对生产力的价值还体现在航海、开采以及建筑事业上。

增强土地肥力

按照农业家的看法，土壤必须拥有一定的机械和化学性质，这样才能维系植物的生命。

从机械性质来说，土壤的软硬要适中，既不能太柔软，也不能太坚硬。如果土质太过柔软，不容易保存水分，经常会出现干燥的情况。反过来，土质过于坚硬，不利于植物根系的生长，水分和空气不能自由地流通，也无法实现养料的转换，植物就无法正常生长。所以土质必须软硬适中，这样植物的根系就能自由生长，也能够保证植物生长所需的水、空气和养料。在上述条件下，土壤肥力的机械条件首先源于自然的作用：干净的水源、新鲜的空气和霜、雪都能将土壤中的矿物质转化为养料，只要不出现水土流失，土壤中的肥力就不会流失。在这种土壤肥力自然作用的过程中，人类活动在其中的作用也是不容忽视的。人们春耕秋收等活动，能够让土壤保持软硬适中的程度，保证根部的生长和养料。对一些不太适宜耕种的土地，人们通过施加肥料来改善土质。

从化学条件上看，土壤中必须含有无机成分，这种成分必须适合植物的吸收。从这一点来说，人类的劳动对土地的作用是巨大的。很久之前，人们用不同形态的石灰来增强土壤的肥力。随着现代农业科技的发展和成熟，有各种有机肥料和无机肥料对土壤中缺失的成分进行适当补充，很快就能把贫瘠、荒凉的土壤变成沃土。今天，还出现了利用细菌来增强土壤肥力的方法。

土地肥力报酬递减倾向

报酬递减规律和报酬递减倾向可以用一些形象的说法来进行说明，首先是关于报酬递减规律的说明。

因为报酬递减规律和价值无关，只关乎生产数量，所以在土地的使用过程中，要想规避报酬递减规律，使土地的产出数量以高比例速度增长，单纯依靠增加资本和劳动的投入显然是不够的，还要依靠耕种方法和农业技术的改良才能够实现。因为报酬递减规律会出现的一个重要原因就是对土地的利用还不够充分。

土地所有者一般不会对一块土地进行特别细致的经营管理，即便是在这种方式下一块地也能给他带来大量的回报。他们经营土地的目的是希望通过较少的资本和劳动支出，来获取土地上的全部回报。只要在土地所有者的能力范围之内，一般会采用广撒网的方式进行耕种，这样就方便所有者能够在更多的土地上进行耕种活动，就像圈地运动一样，土地的面积会越来越大。这样会出现一个问题，当土地面积太大时，资金和劳动就太过分散了，即便是所有土地都能分配到一定的资金和劳动，但是都不足以使土地得到充分利用，土地的报酬递减规律就会出现，所得到的报酬就会少于支出。在这种情况下，如果土地所有者采用精耕细作的方法，将资金和劳动都集中投入一小块土地中，所得的回报要多于从整片土地中得到的。假如土地的所有者在经过思考之后，他使用的土地面积产出的回报恰好能达到最大的数量，那么集中精力就是一件得不偿失的事情。凡事都有一个度的限制，如果所有者集中更多的资金和劳动对小块土地尽可能地多利用，在这种情况下，所有者在小块土地上得到的回报，会少于在更多的土地上得到的回报，报酬递减规律也会出现。

以上假设情况都必须在农业技术处在同一水平下才能成立。在这样的情况下，土地所有者的子孙对土地进行更多的资金和劳动投入，只有对更广的土地面积进行投入，才会避免报酬递减规律的出现。但是他们已经没有办法再进行土地扩张了，因为土地可以无偿得到，周围的土地都已经归别人所有了。他们只有通过购买或者租借才能获取更多的土地，或者搬到另一个可以无偿得到土地的地方去。

这里开始对报酬递减的倾向做一下简单的说明。报酬递减的倾向在使用土地支配权的地方可以充分展示出它的重要性。

正是因为报酬递减的倾向，农民并没有仅仅保留自己的一小块土地，而是纷纷去扩大自己的土地面积。如果能放弃这种疯狂的租地行为，把所有的租金和劳动都投入自己的一小块地中，不仅可以避免昂贵的租金，同时他在这一小块土地上所得到的回报是等同于在所有土地上带来的回报的。也就是说小块土地上产出的数量是等同于所有土地的产出数量的，这样之前为了扩张土地而付出的租金就会成为收益的主要来源。

土地是农民赖以生存的根本条件，每个人都希望自己的土地越多越好，根本就没有考虑过自己是否有精力去管理大片的土地。但是杨格认为这种看法是不正确的，之后很多在农业领域里面稍有建树的人都会跟着对这种看法大加批判。按照他们的说法，农民应该将有限的资金和劳动集中起来，这样做是有益处的，但是并不一定会得到更多的产物。因为没有盲目扩大土地，就可以免去租借土地的费用。这一部分费用减去可能出现的报酬递减所带来的损失，还有剩余的部分，至此农业权威们的意见就有了充分的证据。

现在仍然有很多土地没有被很好地利用，即便是类似于英国这样发达的国家。如果将之前投入土地上的资金和劳动都加一倍，相应地土地产出带来的回报也应该比之前多一倍，从逻辑上说，是没错的。所以有些人就根据这样的说法，让发达国家所有的农民都尽可能地在现有的资金和劳动的基础上加一倍，那么将来的回报也会加一倍。按照这种方法推论下去：土地的租金占到 1/4，将产物以 4 英镑为基数分成若干，那么每 4 英镑就会增加到 7 英镑。如果再改进耕种的技术和方法，还可以增加到 8 英镑或者更多。但这毕竟只是假设，按照现在的实际情况，运用多的资金和劳动并不一定能得到更多的回报，以现在农民的精力和技术来讲，即便是将资金和劳动力都集中起来用于某一块土地，不需要付出任何租金，对农民脱贫致富也是杯水车薪。因为报酬递减规律，大多农民不愿意只集中精力种植一块土地，这也是由数量而非价值来体现的。

目前来说，所有土地投入的资本和劳动并不能激发出这块土地所有的潜力，因为农业科技的不断进步，能够有限地提高资本和劳动的付出之后的报酬率，而且在现有的科技水平之下，就算使用在土地上的费用继续增加，报酬的比值也能够超过 3/4。如果将科学技术的原因排除在外，资金和劳动的投入增加，就必然导致增加这一部分的产出量逐渐减少，这就是报酬递减规律。

人口压力与土地价值

土壤肥力的大小可以随着耕种的方法和种植植物的变化而不同。时代的需求是影响肥力的重要因素。第一次工业革命时，各个国家对木材的需求大大增加，能够作为木材生产原料的松树就变得炙手可热，生长松树的山地的价值要比其他土地的价值高很多。但是，蒸汽机发明之后，煤成了主要燃料，同时由于交通的发展，铁成了造船的主要材料，这样木材的价值就大大下降了，之前长着松树的山地的价值就下降了。水分太多的土地不适合种植其他植物，但是水稻和黄麻除外，它们的种植提高了这一类土地的价值。但是随着国家政策的变化，肉类和乳制品的需求增多，价格上涨，谷类的价格相对下降，种植水稻的土地的价值就下降了，而牧场和能够生产饲料的土地的价值就增加了。由此可以看出，时代的需求对肥力的判断有一定的影响。

即使不考虑以上两种影响土地肥力的因素，土地的价值也会出现等价的趋势。不去考虑可能的特殊原因，只是人口和资金增长这一点，就会使土地的价值发生彻底改变，由原来的贫瘠变成肥沃。因为之前人口有限，这一类土地不受重视，但由于人口增加，对土地的需求量变大，这类土地被后人施加了大量的资本和劳动，再加上本身的自然环境大致相同，所以能很快变成肥沃的土壤，但这样一来，能用的劳动部分就大幅度下降了。

和肥力相对应的是耕种的方式，土地对此没有一种明确的规定。在离市场需求最近的一块最肥沃的土地上，用最适合的方式进行耕种，同时下大力气投入资本和劳动，这样的土地按理价值应该很高，但如果不付诸人类的劳动，完全由自然去选择，它的价值将会大打折扣。就像铁链上的薄弱环节一样，靠近海洋的土地缺少植物生长必需的碳酸和碳酸钾。如果不借助海草的帮助，它永远也成不了坚固的铁链。在英国，精耕细作被认为是良好的耕种方法，这样会让土地上的农作物的产量大大增加。但在美国，这样的方式只会加速他们破产，因为精耕细作在他们看来就不是好的方式。

人口对土地的影响

　　李嘉图认为最肥沃的土地最先被耕种。这句话本身没有什么问题，但他忽略了稠密人口为农业提供的间接利益。

　　李嘉图对报酬递减律的描述显然是不够准确的，不管是思想还是措辞的疏忽，还是为了自己的目的，根据当时英国的情况，李嘉图理所当然地认为报酬递减律已经不构成重要的问题了。但是他忽略了一个很重要的问题，就是后来发明越来越多，并且提供了大量的新能量。当时自由贸易的东风，给英国的农业带来了一次全新的变革。

　　李嘉图还认为，一个国家中最肥沃的土地会最先被移民占有，只有当人口达到一定的数量后才会开始开垦贫瘠的土地。按照他的这种说法，土壤的肥力就有了固定的判断标准。然而实际情况是，因为不需要付出任何代价就可以享有土地的支配权，在这样的基础上，人们会按照自己的需要来选择最适合自己的土地，在经过计算之后会获得最佳的报酬。这时对土地的选择要忽略掉肥力的因素，除此之外要考虑有没有其他不满意的因素。低湿的地方因为有太多的沼气是不能选择的，另外市场、资源以及交通状况都要考虑，最重要的是要能够保护自己不受到野兽等危险因素的攻击。人们经过复杂的选择，并不能保证所选择的土地就一定是最肥沃的。

　　在新的国家中，被英国农民看作贫瘠的土地，反而可能比他们认为是肥沃的土地先被耕种。这表面看起来和李嘉图的观点相反，这是在人口增加之后出现的。因为人口太多，生活资料的压力增大。这使研究兴趣的中心从农民生产物的数量转移到它的交换价值，而交换价值是以农民附近的工业人口所提供的与农作物交换的东西来表示的。

李嘉图和他同时代的经济学家从报酬递减律得出以上推论，是很草率的。他们没有仔细考虑组织的力量。农民不是一个个单独的个体，他们之间以及他们和城镇居民之间利用交通工具共同建立起一个农业市场。市场形成之后，只要拥有符合规范的条件，就能够买到自己需要的东西，在这个市场上会提供个人和家庭生活的一些生活用品。人的知识会得到充实，视野会变得开阔，不同工具的使用将提高农业的生产效率。

历史将证明，人口的增长会带来工业和贸易组织的繁荣。因此，在某一个特定的区域内所有的资本和劳动在报酬递减律上表现得并不是那么明确。这一点和所有土地上的资本和劳动是不一样的。在对土地的种植已经到达某种程度时，在土地中使用的每一季的资本和劳动之后获得的回报都要少于前一季产生的回报，而人口数量的增多让生活原料快速地增加，甚至已经超过了原来增加的比例，这就意味着报酬递减律已经被推迟。在没有其他因素让人口增长放慢速度的情况下，只有生活资料的短缺会有作用。即便是报酬递减律已经开始发挥它的作用，人口增长带来的压力还是会在很长一段时间内存在，除非出现新的供给范围以及交通变革，或者是组织的有效和知识的进步，才会使现有压力得以缓解。

渔场、矿山和建筑用地的报酬规律

经济学中土地的概念包括了江河湖海，报酬的递减律对它们也是有用的。河流的报酬递减律表现得格外明显。资本和劳动增加得越多，增加部分产生的回报就越小，这一点人们已经达成共识，但对海洋的看法则不一致。一些人认为报酬递减律是不适用于海洋的，因为海洋占地球面积的 7/10，有无数的鱼类生活在其中。广袤的海洋可以无限地提供原料，剩下的鱼类数量也不会出现明显减少。另一些人的看法正好相反，大部分渔场经过大量捕捞之后，生产能力会下降。这样下去，随着人口膨胀，鱼类的供给在质量和数量上都会大打折扣。

报酬递减律同样适用于矿山（包括石矿和制砖厂）的生产物，这是一种很容易让人误会的说法。依靠地理知识的不断完善、采矿技术的进步，人类有了更多掌控自然的能力，但是在矿产的数量上，遇到的问题是显而易见的。在其他条件保持不变的前提下，投入资本和劳动就会使矿山的生产物逐渐减少。这里所说的生产物不像之前提到的是纯粹的生产物，只是它本身财富中的一部分。之前的报酬是可以循环往复的。因为生产物本身就是矿山的一部分，而田地的产出并不包括田地本身，运用正确恰当的种植方式，还可以长久保留它原有的肥力。

矿山和田地计算租金的方法不一样。首先，租用田地的农民在将来可以将土地完璧归赵，但矿山不可能做到这一点；其次，两者的费用组成也不一样，田地是按照年为单位收取费用的，但矿山是按照从里面开采出的矿物量的比例来收取费用的，也就是所谓的"租用费"。

　　土地除了江河湖海外，还有空气、阳光、水等自然因素，它们为人类活动提供的服务，也是严格按照报酬递减律实现的。在位置上具有特殊利益的地方，增加投入的资本是有好处的。世界各地的高层建筑，自然光线和通风都是通过人工来补充的。住在高层的人不必担心上下楼，因为有电梯。这种资本和劳动的支出换取的回报就是方便和快捷，但是这种回报会随着投入的增加变得越来越少。因为用于建筑的地租很高，大多数建筑商都想把楼层盖得越高越好，这样就可以节省费用，但是楼高有它自己的限度，超过限度之后，往上增加高度的成本要比重新租用地皮的租金高出很多，这时就不如重新租用一块地皮了。这和农民种地是一个道理，当对某块土地精耕细作到一定程度后，再增加投入也不能产生丰厚的回报，这时农民就会利用扩大耕种的面积来增加回报。建筑的租金和田地的租金在本质上是一样的。

第3节

人口增长

人类生产的目的是满足自身物质和精神上的需求，而实现的手段也是由人类自己来完成的。这一章对劳动供给相关的人口数目、体力以及知识、性格的发展进行了一系列的阐述。

《人口论》

劳动力的供给、劳动需要以及结论三部分组成了马尔萨斯的人口理论，在阐述的时候三个部分是分开的。

第一部分是关于劳动的供给的论述。在对历史的事实进行了详细的了解之后，马尔萨斯总结出，能够载入史册的民族都是人口众多的民族，如果能够拥有足够的生活资料，没有疾病、战争或者其他残害生命的行为以及自我有意识的遏制，人口将会持续增长下去。

关于劳动需要的阐述是建立在事实的基础上的，只不过事实的类型和第一部分有所区别。马尔萨斯认为，直到他的书稿完成时，所有的国家，而不是城市，在人口的密度变得非常大时，生活资料的供给速度总是跟不上人口增长的速度。自然对人类的劳动给予了回报，当然只能是有效的人口需求，自然没有义务为超出的部分提供需求。但在那时，尽管人口增长很快，对生活资料的需求的增加也不是特别明显。

最后一部分就是马尔萨斯得出的结论，即便是历史上已经发生过的事情，在将来也许会再次发生。人口的增长会受到贫穷或其他艰苦条件的限制，只有用自我意识才能遏制人口快速增长。因此，他提醒人们要有意识地控制人口增长，提倡晚婚，保持道德生活上的纯洁。

在19世纪初期，英国经济学家对人口所需生活资料而增加的压力显得过于担心。虽然马尔萨斯没有预料到交通运输工具取得如此大的进步，但是这不能怪他。正是这种进步，使得英国只用花很少的费用，就能享受到全球的生活资料。

因为马尔萨斯没有预料到交通发展得如此迅速，他后面的两个论断就脱离了时代，即便在实际上它们还具有一定的指导意义。19世纪后期，对人口增长的遏制取得了不错的成效，西欧舒适的生活习惯逐渐在世界范围内传播，这一点马尔萨斯功不可没。

结婚率与人口出生率

人口的增长可以由两种途径来实现：第一个是人口的出生率高于死亡率，可以算是一种自然的增长方式；第二个就是通过移民来实现人口增长。

婚姻习俗和人口的出生率是密切相关的。在历史的长河中，由于婚姻习俗的不一样，各地人口状况呈现了各自的特点，这里研究的范围仅限于相对文明的国家的婚姻习俗。

气候和人结婚的早晚有关系。如果气候湿润、温暖，生育行为发生和停止的时间都很早，而气候干燥、寒冷的地方则恰好相反。在任何情况下，在适婚年龄之后结婚的，拖的时间越久，出生率就会下降得越多，女性的结婚年龄比男性重要得多。在不受气候的影响下，他们独立生活的能力、朋友之间比较认可的舒适生活的标准、维持家庭生活的能力都是影响平均结婚年龄的重要因素，这对不同身份地位的人会有所区别。

中产阶级的收入很少能在 50 岁之前达到最大值。这个阶段，子女的抚养费和教育费是一笔庞大的开销，持续的时间也很长。技术人员在没有升职到管理者时，收入的最高值是在 21 岁时，之前的收入根本就不多。在孩子最初成长的 15 年中，技术人员的负担有可能达到最大值。如果想减轻这种负担，可以让子女从小开始训练谋生的能力。不熟练的劳动者最高收入到来的时间更早，18 岁时就可以算是工资最高的了，同样他们的子女要在更小的时候学会谋生。这样看来，平均的结婚年龄由高到低依次是中产阶级、技术人员和不熟练的劳动者。

如果不熟练的劳动者的生活可以维持，也没有任何外界因素来干扰，这一群人的数量就会在 30 年内增加到原来的两倍。在数量增长的同时，能力的增长却很缓慢。我们有理由认为，不熟练的劳动者的增长没有长时间的持续下去，这已经被历史证明了。

在整个中世纪，所有欧洲的人口中，不熟练的劳动者不是和父母住在一起，就是在田地旁的小屋内。当然，只要结婚了，就需要有自己单独的房子。当一个村子里房屋的数量不变，而人口增长却很快时，年轻人能做的就是等待。

雇用劳动力的地位已经和以前有很大的不同。在城市中，雇用劳动力和子女都可以得到很好的待遇，如果想要移民，有可能会取得更大的成功。因为土地变得越来越少，价值也就越来越大，在实行自耕农政策的地方，人口的增长就要受到压制，而在这些地方，几乎没有人想要创建贸易市场或者移民。在当地父母看来，子女拥有的土地越多，在社会中的地位就越高。这种思想致使家庭人口的数量受到限制，也成就了很多利益联姻。让自己的子女和有土地继承权的人结婚，以此获得更多的土地。在英国的贵族中，长子能够结婚的对象必须是人口不多的，并且对方拥有财产继承权的女子，他们甚至会阻拦小儿子结婚。这样的习惯导致很多贵族已经不存在了。不仅英国的贵族有这样的习惯，法国的农民也有，人口数量少的家庭尤其偏爱，所以他们的人口数量基本上是保持平衡的。

在新兴国家中，农村的条件是人口增长的最好条件。在农村，有着大片的土地，不必担心人口对生产资料的压力。因为海陆交通工具的发展，人们不仅将自己不需要的生活资料运出，还能以比较低廉的价格运回更多让生活更加舒适的生活资料，甚至是奢侈品。因此，在美国人的眼中，人口数量多对农民来说并没有太大压力，反而有好处。所以，农民的家庭生活更健康，之前成为限制人口增长的理由，这时都成为刺激人口增长的条件。对美国而言，大量的移民也起到了很大的作用。在这样的大环境下，即使有人不喜欢有太多的孩子，却改变不了大趋势，所以美国的人口在不到 100 年的时间里就增加了将近 20 倍。

在物质条件较好的家庭中，人口的出生率相对来说较低，而条件一般的家庭的出生率相对要高一些。舒适的生活会让生殖能力下降，同样精神压力太大也会。所以，如果父母的精力保持不变，精神压力就会让他们打消建立一个大家庭的想法。对长期从事智力工作的人来说，他们的体质和精神状况往往要高于平均水平，所以高尔顿才说他们这样一个阶级，生殖能力应该是比较强的。但是由于各方面的原因，他们的结婚年龄都晚于适婚年龄。

第4节
工业训练

本章在研究了人口增长的原因之后，主要讨论人口在提高工业效率上所需要的练习。内容主要涵盖从事工作的一般能力和专门技能，普通教育与工业教育、美术教育的作用，国家投资教育的尺度以及不同职业等级间的流动性等问题。

一般能力与专门技能

如果一个人天生就有特别出众的能力，他在这一事业上能够获得很大成功，在其他类似的行业内也能够取得成功。但这并不是放之四海而皆准的真理，有的人天生就是为艺术而生的，其他的工作对他来说就是一种痛苦；也有的人从小就是个实干家，却对艺术没有欣赏力。但强健的种族，在有利条件下，在几代之内，几乎可以发展任何一种其看重的能力。一个在战争或工业较为简陋的形态中获得活力的民族，能够迅速获得较高的智力和艺术欣赏力。

现在，科学技术的进步带给人的力量反而比实际要少。造成这样的原因是，在文艺领域里面，天才们在很年轻时就已经取得了傲人的成就。

但科学技术上的成就是需要很多知识累积，才可能实现的。以致取得成功需要一个漫长的过程，很多人有可能在成功之前，就失去了当初旺盛的精力。而且这种工作创造的价值，不像一本书或者一幅画那样明显。同样的道理，现代机械的操作工人的品质经常被认为还不如中世纪手工工人的道德水平。因为在人类生活中，能够经常被看到的长处就不再被认为是优点了，基于这样的心理，不熟练的劳动者是不断演化出来的这一点也就很容易被忽略。

在我们认为的不需要任何技术就能够完成的最简单的工作，对于极度落后的民族来说，也是需要一定技术的。他们不能长时间地持续进行任何工作，很重要的一点是因为他们缺乏进取的精神，除非经过长期的训练，才能够培养出。在教育普及度很高的地方，即便是需要阅读和写作的工作，通常也被看作不需要任何技术含量的。

假如是在工业发达的区域，认真负责、小心的处理贵重的机械设备和生产资料等这样的习惯，基本上已经成为共同的特征，所以也不认为管理机械需要任何技能，只需要不被重视的人管理就可以了。实际情况却是，在全世界所有的人口中，懂得这样的技术、具备一定的智力、道德和自我控制能力的人还不到1/10；即便是经过实际训练之后能够胜任此类工作的人也不到1/2。就算是对生活在工业区的人口来说，这种乍看之下很单调的工作，一开始就能完全掌握的也只有很小的一部分。以机械织布为例，相对来说是很简单的，但是也分为初级和高级，在初级的工作中，很多人都没有像织布这类最基本的技能。这种差别在建筑、钢铁或者其他重金属行业中就表现得更加明显。

有很多需要手工完成的工作中，经常需要一种动作经常性地重复，这种情况已经越来越少了，因为机械化正在逐渐取代手工操作。

手指的灵活程度是影响工业效率的重要条件，一般是因为强壮的神经功能和相当的自制力产生的结果，但这是需要经过专业训练的。现在的情况是很多人只是具备一般性工作的能力，但是并不是特定职业所需求的。这和打球是一样的道理，就像一个网球高手能够很快学会棒球一样，一个技术非常熟练的工人，在转到其他行业之后，他工作的效率在丧失很短时间之后就会恢复，这一段时间可以看作他的适应期。

手工技术是一种非常专业的能力，在转换职业的过程中发挥不了它的作用，所以对于生产而言，几乎已经没有什么重要性可言了。将艺术的欣赏和创造能力排除在外，可以得出这样的结论：因为自己所有的聪慧和充沛的精力，并不是某一种行业所特定的需求，这种优越感就是判断一种行业高于另一种行业的标准之一，也可以看作一个地方的工人比另一个地方的工人工作效率更高的原因。

一个伟大的工业民族需要具备以下特征：强大的记忆能力，及时对各种需要做好准备；在出现问题时能够快速反应，采取正确的补救措施，能够很快适应工作细节的变化，并且为人坚强可靠，随时以充沛的精力应付可能出现的问题。但是这些特质并不是某一种职业的专利，而是所有职业都需要的。

具备这些特质的人如果不能从一个行业转移到另一个同类行业中，最可能的原因就是，他要对生产资料的知识和不同的使用方法进行适应。

所以这里将不同的能力分为一般能力和专门能力。一般能力就是在所有的高级行业中，共同需要的那一部分才能和对于知识和智能的一般性需求。而专门能力则指某一种行业需要的特定的手工操作能力以及对特殊方法和精神的熟悉程度。

普通教育与工业教育

童年和少年时代所处的环境影响着一般能力的大小。其中，母亲的影响是最早最直接，也是最大的，然后就是其他家庭成员的影响。当年龄渐渐变大，从身边能看见、听见的事情中，孩子们就会学到很多东西。如果对富裕家庭的孩子、工人阶级的孩子以及不熟练的劳动者的孩子进行研究，家庭环境的影响是首先要考虑的因素，其次要考虑的是学校教育对孩子的影响。

学校的普通教育对工业效率产生了比看起来要大得多的影响。生在工人家庭的孩子，在学完了读书、识字、计算和作图的基本功之后，就面临着辍学的可能性，这是一个不争的事实。有的人甚至认为，与其花时间在学校学习，还不如直接到工厂进行实际操作，这样还会更有效果。

有这种想法的人忽略掉了一点，学校的教育之所以能够让孩子取得进步，除了孩子自身的原因之外，最主要的是学校教育能够培养孩子将来取得进步的能力。好的学校教育，能够帮助孩子在长大后，使用最适合自己的能力，并用这些能力促进教育的发展，学校的教育没有行业之间的区别，因为那种细节上的不同是属于工业教育的内容。

在过去，工业教育的作用只是对一个比较聪明的人教授一种技巧，能够帮助这个人在工作之初以最短的时间学会使用手工技巧以及机械的使用方法。而现在，工业教育提高了它的目的性。这是因为，即使这个人学会了这种技能，在刚开始工作时，能够比什么都不知道的人多获取一些报酬，但如此他的能力也就没有了发展的空间，时间一长，反而会阻碍他才干的增长。一个年轻人经过教育，有一定的知识后，他比接受老旧的教育方式的人的进步会更大。现在的工业教育已经开始逐渐纠正自身的缺点了，把这种内容划分到普通教育的范畴之内是更恰当的，普通教育已开始增加这种内容。工业教育还可以使用特殊行业的方法，这种方法是平常工作中很少能学到的技巧和知识。值得一提的是，当机械自动化越来越精密、用途越来越多时，手和眼的操作就会越来越少，由一般教育培养出来的能力会越来越重要。

在英国，最好的工业教育应该保持和普通教育的一致性，需要不断开发学生的才能。和比较成熟的普通教育相比，它们的基础应该是相同的。但是和普通教育不同的是，工业教育需要对特殊学科做更详细的计划，来方便实施对特殊行业的教学。欧洲的西方国家已经率先将科学的练习深入坚强、勇敢的精神和实践中去，这一点是值得学习的。如果在少年时期，缺少这种实践，那么这个人的精力不会太旺盛，实践的技能也会减少。在一个制度完善的工厂中，年轻人在实践中学到的经验，往往比在工业教育中老师教给他的知识更加有效，并且这种实践活动对智力的开发也是有用的。

传统的学徒制已经无法适应现代工业的需求，逐渐退出了历史的舞台，所以需要建立一种新的体制。最近，一种新的习惯在慢慢养成，一些商人会将自己的接班人放在企业的各种部门依次工作，因为企业最后是由他来管理的，所以事先熟悉整个企业的流程是必要的。但是能够实现这种教育方式的人并不多，这些只是具有才干的制造商人们培养出来的。

对于大的企业来说，会有很多不同的工业部门，想要让每一个徒弟学会所有的一切，只靠师傅一个人，是绝对没办法实现的。资质平庸的年轻人很容易在这个过程中失去方向。从某种意义上来说，保留学徒制的名义，加以适当的改良，也有可能成为现实。

到现在为止，所有工业上的变革都是率先在英国发生的，而其他国家也不甘落后，开始参与到这种变革中。

在美国，他们的普通教育形式非常丰富。因为移民众多的关系，不同的种族之间思想交流也比较频繁；在农业上，美国有得天独厚的优势，并且具有百折不挠的探索精神，工业的教育也在逐步完善。在德国，科学知识比较普及，大部分的中等阶级和工人阶级的语言能力都比较出众，加上有很好的求知观念，他们在机械方面是和英、美齐头并进的，他们还率先将化学应用到工业的其他方面。

现在还有很多种类的工作，有没有相关的知识和方法都不会影响它完成的效果。因为教育中的高等学科所传授的知识对他们来说并没有太大的帮助，能够利用这种教育的只有很少一部分老板和技术工人。但是，不要认为这种教育是没有效果的，它对大多数普通工人带来的更多的是间接的好处。良好的教育可以开发智力，促使人养成良好的习惯，在工作上表现得更加聪慧和能干、可靠，它还可以提高生活的品位。所以说，良好的教育是影响物质条件的重要因素。

对普通教育和工业教育进行改良，很大一部分直接利益会归于国家。在关注工人阶级之外，更应该将关注的目光放在从社会底层成为高级技工或者成功商人的这一部分人群，还有可能在科学、文艺上直接创造国家财富的那一部分人。

控制天才诞生的法则是没有的。已经在社会上获得很高地位的人，他们的子女拥有很高天赋的比例明显多于工人阶级出生的孩子。但工人阶级人数众多，所以一个国家最优秀的天才一半以上都来自这个阶级。出生在身份低微家庭中的天才，假如他们就在平常的工作中度过，没有任何机会施展才干。

学校教育和奖学金制度联系起来的方式，能为出生贫穷的天才提供机会，特别是中等学校的改良。

对中世纪的自由城市和苏格兰取得的巨大成就，贡献最大的是工人家庭出生的天才。在英国发展最快的地方也是一样，大部分领导者出生于工人家庭。在工业革命初期，社会地位的悬殊在英国南部表现得最明显。在英国南部，有一种类似于世袭社会阶级的精神，工人和他们的孩子是不可能上升到领导阶层的地位的。

但贵族家庭又缺乏天才，也没有能够为社会创造利益的精神活力。这种世袭社会阶级的精神，不能和工业领袖很好地融为一体，在很大程度上导致了英国南部城市的衰落。

国家的教育投资

衡量公私资本用于教育是否恰当的标准，不能单纯依靠教育的直接结果。作为一种投资方式，教育为大多数人提供了更多的机会，从这一点来说，教育是一件功在社稷的事情。更何况，凭借这种方式，更多的人就能获得充分发挥个人才能的机会。其中不乏伟大的天才，只需要一个工业天才出现,他所创造的经济利益，就可以抵消一个城市所有的教育投入。就像英国白塞麦的发明一样，增加的生产力和 10 万人的劳动力是相等的。吉纳和巴士特在医学上的创新，使人类的健康得到了更大程度的保障，也能让人更好地从事工作。

其他学科的科研工作，或许要经过很长时间才能显现出对增加生产力的帮助，或许这种作用并不是很明显，但是这种科研的重要性和其他学科是等同的。用一个形象的说法，为全民教育进行的所有投资，只需要培养出像莎士比亚、贝多芬等这样杰出的人物，所有的投资就能够抵消。

国家和家庭如何分配承担孩子的教育费用，是经济学家最关心的现实问题。无论父母承担多少费用，经济学家更关注的是决定父母承担这一费用的能力和意愿。

父母对待孩子的态度，在很大程度上会受父母对自己态度的影响。当父母对孩子的方式与其他父母不一样，而且效果明显要比原来的方法好很多时，其他父母就会纷纷效仿。想要父母以更好的方法对待孩子，除了道德和情感的因素外，更重要的还有精神上的认知。这种认知使父母把未来能够预料到的事情，放在和眼前事情同等重要的位置。这种习惯是文明的产物，也是形成文明的主要因素，除了在文明国家的中上层人群中，这种习惯很少得到发展。

等级内和等级间的职业流动性

孩子们从事的职业等级往往和父母一样。这样，上一代该等级的人口数量，会在很大程度上影响下一代该等级的劳动供给的总和。在这种等级中间，流动性很大。当等级内某一职业的收入明显高于其他职业时，很多人就会从等级内的其他职业转入这个职业。但是等级和等级之间的流动，规模和速度就要小得多。当一个等级获取的利益大于面对的困难时，就会有一部分劳动者开始转入这一等级，表面上看来人数不是特别多，但是所有等级的流动人数的总和还是很大的，足够满足这个等级的职业对劳动力的需求。

一方面劳动力的自由流通受到时空条件的限制，另一方面这些条件又可以吸引一部人改变自己原先的职业。在现有条件不变的基础上，劳动增长率会随着劳动收入的增加而增加。

如果知识水平、社会道德和家庭习惯保持不变，全体人民的活力和特别是任何行业的人数和活力，在以下的意义上是有供给价格的：需要价格的某种水平使上述的人数和活力保持不变；需要价格上升，社会全体活力就会上升，反之则会下降。这样，人口的增长和劳动的供给就受到经济因素的控制。虽然如此，但对人口数量的影响不是通过直接的方式来影响的，而是通过社会道德和家庭习惯来影响的。社会道德等因素受经济的影响速度很慢，但程度很深，而在方式上有些是难以预测的，有些是不能预测的。

第5节
财富的增长

> 随着经济的发展，越来越多的高价形态的辅助资本投入生产中；财产安全得到有力的保障，使储蓄变成了越来越多人增加财富的选择。货币经济的发展在很大程度上刺激了储蓄行为，而家庭情感则是人们进行储蓄的主要动机。

高价形态的辅助资本和积累能力

最初，财富就是打渔狩猎的劳动工具和用来装饰的东西。对生活在寒冷地方的人来说，财富就是御寒的衣物和住所。在这个阶段中，驯养动物开始了。对人来说，驯养这样的动物是一种享受。就像用于个人的装饰物一样，仅仅是为了满足个人的需要，并不是为未来所需而做的准备。之后驯养的动物越来越多，到了畜牧时代，驯养的动物不仅能给人带来自我的愉悦和满足，还象征着一种社会身份和地位，同时也开始以满足未来的需要和积累财富的重要手段为目的了。

随着人口密度的增加，人们逐渐定居，开始从事农业生产，这样最重要的财富就是土地资源。在土地所有的价值中，人们通过逐渐完善产生的价值，就是狭义的资本的组成要素。除了土地之外，住所、饲养的动物、用于打渔狩猎的船只等也是财富的一部分。在很长一段时期内，农业和家庭的生产工具是不具备任何价值的。但是，在其他地方，贵重的金属和宝石就是积累财富的主要手段，也是满足人们需要的主要因素。文明初具形态时，君主的王宫是社会财富的象征，包括很多用于宗教、交通和水利等方面的公共建筑在内，也是财富的形态之一。

上述的东西作为积累的财富的形态已经有几千年的历史。在城市中，除了住所和家庭用具，价格高昂的生产资料的积累也是很重要的。从个人的角度来说，城市居民的财富是超过农村居民的，但是因为城市的人口总数没有农村的人口数量多，所以在财富的总量上，城市是少于农村的。在这样的社会背景下，航海运输就算是唯一使用高价工具的行业了。相比于商船，纺织用的织布机、耕地用的铁犁、打铁用的砧铁的结构都是非常简单的。18 世纪之后，英国才开始逐渐使用高价工具。

18 世纪是英国农用工具的分水线，之前它们的价值一直处于缓慢增长的状态，而在这之后，农用工具得到了很大的进步。工业革命之后，蒸汽动力取代了之前的水力，生产部门购买高价的机器设备来取代廉价的手工劳动。之前的高价工具除了船只之外，还有提供航道和水力的运河，现在相同的一点就是，交通工具仍然是高价工具，包括水上和陆地上的各种工具，还有电话系统和水厂。因为煤气厂的设备主要是用来分配煤气的，也可算是高价工具之一。此外，矿业、钢铁厂、机器制造厂和印刷厂，都拥有很多价格昂贵的生产机器。

新方法和新机器的使用离不开科学知识的推广和不断积累。人类为了达到最终目标，会在相当长一段时期内不断地努力，新机器的出现就可以节约劳动力。现在很多工业种类在以前是没有的，所以要衡量知识的进步并不简单，但并不是没有办法。通过对农业、建筑、纺织和运输这四大永恒不变的产业的过去和现在进行对比，对产品的普通性质作出比较就可以了。在农业和建筑业中，在手工操作占重要成分时，高价工具的使用也在迅速推广。

随着文明的不断进步，人类就会有新的需求，为了满足这些需求，就会出现以各种高价的方式来满足需求的手段。人类进步的速度是不规律的，时快时慢，甚至会出现倒退，但现在进步的速度一年超过一年，对于什么时候会减慢，我们并不知道。综合考虑各方面的条件，一定会出现改变社会和工业性质的机会，这样我们就能够利用积累的财富来满足新的需求，并且可以作为将来用比较节约的方式来满足欲望的手段之一。让人相信现在已经处于静止不动的状态还缺乏足够的理由。静止不动就不会产生新的需求，那么现在积累的资本在将来使用的机会是很少的，这样一来，财富的累积就不会产生任何回报了。人类的发展史也表明，财富和知识累积得越多，人的需求也会随之增长。

资本投入的机会越来越多，生产出来的商品就会远远大于生活必需品的数量，多出来的部分就会产生积累财富的动力。在生产能力不高的情况下，多出来的部分是很少的。除非是统治阶级以很低的代价迫使人民艰难地从事工作，或者是因为气候比较舒适，生活物资的需求相对不高，很容易就能得到满足，这两种情况下即使生产能力不高，剩余的部分也会很多。从生产能力上考虑，将来生产劳动力的增加就会带来资本的积累，而最终的结果就是生产物的剩余会越来越多，从而就能实现更多的财富增长。经过这样一个长期的过程，不管气候如何，文明都会一步步实现。工人受到正常的待遇，在之前生产所依赖的条件没有变化的情况下，也会实现物质财富的积累。因为财富和知识的积累，生产财富和推广知识的能力就会逐渐增长。

在历史的发展过程中，人类还不习惯对将来进行预测并做出相应的措施来预防可能出现的情况。但是富有经验的冒险家告诉人们一个经验，只要利用一点儿知识和力量，在不增加劳动力的基础上，可利用的资源和享受的成果就会成倍增长。例如，将一小块土地用篱笆围起来，防止野兽的袭击等。

和国家中一些阶级的铺张奢侈相比，这种对将来比较冷漠的态度实在不算什么。有的人一个星期可以赚很多，但是有时候又会陷入没钱吃饭的地步，并且这种情况经常出现。当他们有收入的情况下，1先令的作用远远赶不上在没有收入的情况下1便士所发挥的作用，即便如此，他们仍旧不会为将来做准备。和这种挥霍相比，另一种极端就是守财奴，他们对财富的积累已经到了近乎疯狂的地步。这种现象在农民和其他阶级中也会存在，甚至连必要的生活品都节省掉了，但是这种节省最终会对他们的工作能力造成伤害。这样，这种人无法体会到美好的存在，节省出来的财富数量和通过劳动赚钱积累的财富数量相比，要少得多。假如节省的这部分财富能用在自己的生活上，那么通过劳动力来赚取的财富会更多。

在印度，有些人确实因为牺牲了自我享受的机会从而积攒了大量的财富，但是这些财富都用在了婚丧嫁娶的排场上面。在爱尔兰也有这样的人存在，但是还没到印度那样厉害的程度。爱尔兰人积攒财富只是为了短时期的将来做准备，但并没有什么固定的长期打算。因为一些庞大的公共项目会增加生产资料，但是这些大项目通常是利用和他们克制力差不多的英国人的财富来完成的。

在不同的社会环境下，影响财富积累的因素是不相同的，而且在不同的民族中间，这些因素也是不完全相同的。即便是同一个民族，阶级不一样也会产生不同的影响。财富的积累在社会、宗教和社会风俗的约束力下降时，个人性格上的差异，会使得在相同条件下长大的邻人，在他们的奢侈或节俭的习惯方面各有不同，比在其他任何方面的不同更为普遍和常见。

财产安全是储蓄的前提

过去的人不太节俭大部分要归咎于财富缺少必要的保障，要想为将来做好准备，需要有保障财富的能力。当时的实际情况是，只有特别富有的人，才拥有保护自己财产的能力。而农民通过辛勤劳动和节约积累的财富，很容易就会被更强大的人夺走。这种情况经常出现，就迫使农民养成了及时行乐的习惯。在英国和苏格兰交界的地方，只要还存在抢夺他人财产的情况，进步就是无稽之谈。18

世纪的法国农民的储蓄是很少的，只有他们被看作穷人时，才能使自己逃避税吏的巧取豪夺。即使在四十年前，爱尔兰土地的佃户们为了避免地主对地租的过高要求，也不得不照样行事。

财富没有保障的时代已经成了过去，文明的社会中不会再出现这种状况。但是，在英国社会，救贫法给工人阶级带来了一种新形式的危险。根据这一法规的规定，工人阶级要拿出一部分工资作为救助贫困的资金。但是这种资金在他们中间的分配，与他们的勤劳、节俭和远见是成反比的。所以很多人认为，将财富用来为将来做准备是一件非常愚蠢的事情。由于这种有害的经验养成的传统和本能，到现在这种观念仍然阻碍着工人阶级的进步。"国家只考虑贫富的状态而忽略做出的贡献"这种救贫法的基础原理，直到现在还在发挥着作用，尽管这种影响不大。

当然，现在这种情况正在减少。国家和私人对贫民的救助观点有了很大改变。自力更生和努力为自己将来做准备的人，比懒惰和不愿思考的人，将得到社会更多的照顾。但是这种进步的进程还比较缓慢，我们还有很多事情要做。

货币经济发展对储蓄的影响

近代经营管理方式的发展以及货币经济时代的到来，给习惯于奢侈消费和挥霍生活的人带来了很多新的吸引力，从某种程度上影响了财富的积累。在过去，一个人想要获取住房，必须自己动手。但现在，大量条件设施不错的房子通过一定的租金就能得到。爱喝酒的人过去只能通过好的酿造厂才能喝到好酒，但现在市场上卖的酒比之前自己酿造的酒的品质更好，而且更廉价。想要获取大量的图书，不再需要自己购买，而是通过在图书馆借阅就能满足。在没有经济能力购买家具时，也能通过租借来满足装饰的需要。因为这样的买卖租用制度，各种需要的发展，让很多新的消费和现在的既得利益都是建立在将来报酬的基础上的。

另外，货币经济增加了用途的多样化，在这些用途之间，个人能够分配他将来的支出。在原始社会状况下，人类只能通过物品的积累来满足将来的需求，有可能这些积累的东西的用途，还没有那些没有积累的东西的作用大，因为将来的很多需求不是物品本身能够直接满足的。但是通过货币的形式，需要的东西，都能通过货币收入实现。

不仅如此，近代的经营方式使投资更加安全。这使得一个没有好机会从事任何经营的人也能获得收入。正是因为有了这样的条件，很多人才会将财富通过储蓄的方式为年老后做准备。如果没有这样的机会，他们绝对不会这样做。此外财富积累还有一个更大的结果，即使自己死后也可以为妻子儿女提供财富：因为，家庭情感是储蓄的主要动机。

家庭情感是储蓄的主要动机

很多人会因为财富积累在手中越变越多而高兴，但是却很少考虑要用财富为自己或者他人创造一种幸福感。出现这种情况是因为人们竞争和追求的本能希望胜过其他人，在展现自己获得财富能力的同时，还能够因此获得较高的社会地位。有时，他们真正需要运用货币时，是出于一种习惯性的条件反射，为了积累财富而积累，这样才能让他们有满足和畅快感。但从另一角度讲，如果不是为了家人，很多平时辛苦工作、谨慎进行财富储蓄的人，只要能够满足自己舒适生活的需要，只需要购买固定金额的保险，或者安排好退休之后的花费，就不必再辛勤工作了。如果是为了家庭考虑，他们死后很可能就什么都没有了。但是只是为了自己，则会因为自己的意外死亡造成储蓄的多余。人们努力工作很大程度上是为了家人。这些人退休后，花费一般不会超过从储蓄中得到的财富。他们愿意将自己的储蓄留给家庭的其他成员。以英国为例，每年都会有 2000 万镑的财富通过保险来储存，直到死后，这些财富才会开始动用。

使自己和家庭成员获得更高的社会地位，是最能激发一个人斗志和激情的。这种愿望有时还能让人充满极高的动力，可以冲破所有。正是这种动力，安逸的生活、获得平常的快乐这种需求对他来说是小菜一碟，但有时难免会因此毁掉他内心对美好的感觉，以及更高尚的向往。现在美国的财富正在以惊人的速度增长，同这种趋势一样的是，为了家庭的这种愿望能够促使人成为强有力的生产者和财富的创造者。假如这种财富不被用于提高自己的社会地位，那么就会走上一条挥霍、奢侈的道路，就像放纵自己的脾气造成的结果一样。

出身贫寒的人，即使在事业上取得很大的成功，但在生活上依然能够保持艰苦朴素的作风，对奢侈浪费不齿，拥有死后比其他人更加富有的愿望，这样的人往往会拥有很多储蓄财富。通常，在一个历史久远、相对偏远幽静的地方，经常可以见到这样的人。

但是在经过战争和沉重的赋税压力之后，从生活在英国乡村的中等阶层中也能见到这样的人。

积累的源泉、公共积累、合作事业

现在要讨论的是财富积累的源泉问题。一个人储蓄能力的大小是根据其收入大于支出的比例来判断的，富人是储蓄的主力。在英国，巨额收入通常是在资本中获取的，数额比较少的收入只有很小一部分是从资本中获取的。20世纪初期，商人们往往拥有比绅士和工人更好的储蓄习惯。综合上面所有的因素，上一代经济学家多认为储蓄的财富全都来自资本的收益。

但是在近代英国，地租、自由职业者和雇用劳动者的收入，都是积累财富的重要手段。在文明初步形成的阶段，它们是积累财富的主要源泉。在包括自由职业者在内的中等阶层，自己辛勤工作的目的就是为了能将收益投资在子女的教育上。很多工人阶级的工资很大一部分投入在了子女的健康和强壮上了。以前的经济学家忽略掉的一点是，人类的才干和其他的资本一样，都是生产的重要手段。由此我们可以得出和之前的经济学家相反的结论：其他的条件不变，在财富的分配上，增加劳动者的工资收入，相应地减少资本家的收益，物质生产的速度就会加快，物质财富积累的速度也不会因此减慢。但是如果使用暴力的手段来实现这种分配，社会公共安全就会受到威胁，其他的条件也会相应地发生变化，上述结论就不太可能实现。但是从经济的概念上来说，适当地阻止物质财富的积累，只要这种阻止没有引起骚乱，并且能够给更多的人提供更好的机会，提高生产的效率，促使他们养成良好的习惯，让他们的后代能够拥有更高的生产效率，这样就是一件好事。假如真的能够实现，这样的阻止比增加现有的工厂和设备更能促进财富的增长。

志向高远的民族如果能进行合理的财富分配，就会产生巨额的公共财富。一些本身就富有的民主政体只需要利用这种方式来进行财富的储蓄，那么就会成为社会财富的主体，当然这些财富还包括从上一代手中继承得来的。

各种社会合作运动和储蓄形式的发展都在证明：按照物质财富的积累来看，社会的生产原料用于支付劳动者的报酬并不完全是亏损的，这一点和之前的经济学家的观点是一致的。

现在的满足与延缓的满足

了解了储蓄方式和财富积累的发展之后，现在可以研究现在的满足和延缓的满足之间的选择问题了。

通过之前对需求的分析可知，如果一件商品有多种用途，人就尽可能将它用在最适合的地方，最大化地来满足自己的需求。

当一个人认为能够通过转移商品的用途来最大化地满足需求，就一定会将这种转化付诸实践。假设对这件商品的用途分配是恰当的，那么在不同用途的某一点上他就会停止这种分配，这一点上他获得好处和将商品用于其他用途得到的好处是相同的。即他会将这件商品用在不同的方面，在每一方面都能达到相同的边际效用。

不管用途是立刻就能实现，还是只能实现一部分，上面提到的用于满足最大化的需求的道理都是成立的。如果有些用途需要延缓才能实现，就需要估计到更多的因素。首先，如果要延缓需求的满足，怎样才能保证将来的需求一定能得到满足？其次，从人类本质的特征上来讲，现在的满足才是最实际的，尽管将来的生活也能够提供相同的满足，但是毕竟是无法预料的。

　　对一个小心谨慎的人来说，假如生活的全过程都能够从固定的财富中得到不变的满足感，这个人就会将他的财富进行平均分配，使人生每个阶段能够使用的财富数量都是相等的。假设一个人认为自己获得财富的能力会逐渐减弱，这个人就会进行储蓄为将来做好准备。不管这种储蓄会增加还是减少，他都会这样去做。这种人会储存必要的物品防备不时之需。例如，在冬天储存鸡蛋和水果，尽管这些东西不会因为储存就增值，但是到了冬天这些都是缺乏的物品。假设一个人不知道如何利用财富进行投资，可以效仿前辈，退休之后带着为数不多的财富回到乡村。在这些人的观念中，使用更多的财富获得的满足感是比不上退休之后使用少量金钱带来的满足感的。对他们来说，保留这些财富会带来不必要的麻烦，如果有人能够帮助他们避免这种麻烦，同时能保证他们的财产不会承担任何风险，他们会支付一定的报酬。

　　但这就可能出现这样的情况：储存的财富不能够进行很好的利用，但是又要为将来提供必要的准备，于是就需要财产的借入。但是这种人往往不能提供非常可靠的承诺，保证将来归还等价的货币。出现这种情况时，延缓的满足就不再是一种获得收益的手段，而相当于是一种惩罚。如果一个人将自己财产的管理权交到别人手上，在归还时得到的报酬比当时借出去时还少，那么利率就会成为负数，收益也就无从谈起。

人类对工作的需求是非常强烈的，有时为了能够工作，甘愿接受一些惩罚条件，这样的情况和上一段提到的情况都是能想象的。一个小心谨慎的人为了自己，乐意延迟消费一部分财富；与之相同的是，一个健康的人也会因为自己的意愿而从事某些工作。如果能够将一些工作交给政治犯去做，对他们来说就是一种极大的赏赐。从人类的本性出发，可以说利息就是享受物质财富的等待所换来的报酬。如果没有利息，就不会有人愿意储蓄财富，就像没有工资，很少有人愿意辛勤工作一样。

经济学家口中的节欲是为了将来的准备而放弃现在能够获得的满足，但这个名词显然被误解了。能够积累很多财富的人往往本身就很富有，其中不乏有人的生活极度挥霍。这一部分人显然是不会按照等同节约的意思来进行节欲。而经济学家的本意是，一个人在他消费能力以内对某些消费进行节欲，这样就能够增加将来的财富，这种节制能够带来更多的财富。需求的满足延期会产生财富的累积，也可以说，人类的先见性，即想象将来的力量大小决定了财富的积累。

财富积累的需求价格表现为许多形态，但其实质总是一样的。一个人建了一所房屋用来抵御寒冷，但是另一个人却用更少的劳动力建成了一所相同的房屋，当他不再受到寒冷之苦时，他就能在房屋上获得更多的满足感，这种满足感是用他的劳动力和等待赚取的价格。因为一时兴起，立刻满足眼前的某种需要所取得的满足感，和之前因为劳动和等待获得的满足感相比，后者是更加理性和明智的，它能够预防将来可能出现的灾难，也能够满足将来的某些需求，是一种生产力上的提高。退休医生将他的财富借给工厂，让工厂能够改善设备，他也可以从中获得利息，之前提到的满足感的增加在基本的条件上和利息有着相同的地方。利息在数字上是非常清楚的，可以作为从财富中得到其他形态利益的典型代表。

劳动是获得满足感的最初源泉。但一个人不论是通过劳动获得满足感还是通过交换、继承财产、贸易关系或其他坑蒙拐骗的方式获得满足感，和目前的目标没有任何关系。现在讨论的问题是：财富的增长包含了人有意识的等待和他愿意这样等待的动力来自对未来丰富的想象力和为未来所做的准备。

利率与储蓄

按照人类的本性，如果现在的放弃能够换来将来满足感的增加，那么人们就会放弃更多的东西来换取未来更大的满足。假如一个人不愿意消耗他的财富，而希望通过财富来获取利息。那么，银行的利率越高，他获得的收益就越大。一般来说，利率下降会让人觉得放弃现在的满足，去获取财富储蓄中为将来带来的微小满足是极不划算的。所以利率下降会刺激消费的增长，为将来获得满足感的准备也就相应减少了。

200多年前，贾尔德爵士就曾经说过，在利率高的地方，商人积累的大量财富不再依附于贸易，而只需要通过放款就能获得巨大财富；但在利率低的地方，商人只有通过不断地贸易才能增加自己和国家的财富。其次，沙更托认为，当一个人决定继续工作和储蓄，直到存储能够满足他在年老和死后家庭的需要，在利率下降时，他将比平时储蓄更多财富。

这样看来，随着利率的下降，世界财富每年增长的部分就会越来越大。但是，由一定量的工作和对未来的等待得到的未来的利益下降，会减少人们对未来的准备。换句话说，利率下降会抑制财富的积累。随着人们支配自然能力的增强，即便是在利率下降的情况下人们依然会继续储蓄财富。但是，根据人类的本性，只要利率下降，更多的人还是会减少储蓄的财富数量。

之前曾谈及，社会的风俗、自我控制的能力、预见未来的能力和习惯，加上家庭情感在内的因素，都能够影响财富的积累。要进行财富积累就要对财富安全提供必要的保障。知识和智力的发展，都能够起到促进财富积累的作用。

银行利率上升，会带来储蓄财富数量的增长。利率的上升会带来储蓄财富增长的这种心理，是普遍的。利率升高，储蓄的能力会增长，就相当于提高生产资料的效率一样。之前的经济学家对利息存在误解。他们往往认为利息的增长是以牺牲工资作为代价的，能够一直增加储蓄能力是一种过分夸大的说法。但是他们忽略了一点，站在国家的角度，不管财富是用在劳动者身上，还是用在机器设备上，都是用于生产这个目的的。

必须要强调的是，每年用于投资的资本只占总财富数量的很小一部分。因此，即使每年的储蓄率提高得很快，但是，总财富数量每年的增加并不明显。

第6节
分工及机械的影响

分工的不断细化使工人对某个工艺的熟练程度不断加强，机械取代手工投入使用，一方面使生产效率得到了极大的提高；另一方面也使工人从简单、重复的劳动中解放出来。当然，机械的投入使用对工人的判断力提出了更高的要求。

熟能生巧

在一个工业组织里，每一个劳动者都能根据他们各自的能力和教育水平得到适合自己的岗位；在他进行工作时，能够拥有最好的工作设备和所有必备的工具；只有满足这些条件，才能说这个工业组织是有效的，这是判断有效的工业组织的首要因素。对于生产细节方面的劳动者和对工作进行经营并承担风险的劳动者之间的分工，不是这里要讨论的问题，只是分析对受到机器影响的不同等级工人之间的工作分配问题。

有些工作开始时很难完成，但熟能生巧之后其结果往往比之前出色。这一事实可以用生理学的知识来分析。生理学家认为，这种变化大多是因为条件反射，或者是新的习惯逐渐养成造成的，这些和人脑的思维没有任何关系。但是，人脑的中枢神经对所有有意识的行为都会关注，人脑从中枢神经或者其他相关的神经接收到信息数据之后，就会对局部神经或者肌肉神经发出具体的命令，这是一个非常流畅的过程，所以能够将想要的结果变成现实。

尽管现在对脑部工作的生理学依据还没有完全明白，但是凭借着仅有的脑部结构知识，可以说明，不管什么样的思维训练，脑袋中各部分的联系就会增加。在不久前还不能应对自如的问题，经过训练，就能快速解决。商人、律师、医生知识的丰富程度和直觉判断力会随着时间而积累。但人的精神不能在同一个方面过度使用，就像一个很努力的人，对于不属于他工作范围的某一种工作，有时会很感兴趣，但是让他长期从事这一工作，很有可能会产生厌倦感。

也有人认为，从事脑力工作的人，做适当的手工劳动，不会影响他们获得知识和解决问题的能力。但是根据之前的经验，要想彻底减轻过度疲劳，最好根据自己的情绪来决定工作是否结束。心情一旦过去，就马上停止。具有经营性质的工作，有时需要用自己的意志力强迫完成工作，这种工作就会快速消耗精力。以现代经济学眼光来看，这不是经济有效的办法，除非他受到的损害能够有足够的价值来补偿。

专门化可以提高效率

在高级的工作部门中，专门化应达到什么程度是一个亟待解决的问题。在科学研究中，有一个比较正确的规则，在年轻时，研究的范围可以很广泛，但是随着年龄的增长，可以逐渐减小。这好比一个医生一直致力于某种疾病的研究，但是另一个医生先是凭借广博的知识对这一疾病和健康的关系进行探讨，然后将越来越多的精力放在研究这一疾病上，这样就能够积攒丰富的专业经验和技能。这样，对于这一疾病提出的意见，前者不一定比后者高明。但是在大量需求手工劳动的行业中，分工会很大程度地提高工作效率。

亚当·斯密认为，一个年轻人除了制造钉子外什么事情都不做，那么他制造钉子的速度，即便是一流的铁匠，也赶不上他的一半。这种工作基本上是靠条件反射，它不需要中枢神经接收信息，再传达命令这一过程，所以速度要快很多。这和纺织厂中专门绕线的童工一样。在服装厂中，有一个专门负责对大小完全相等的布料，运用机械或者手工进行重复接缝的人，即便是最灵巧的习惯于做完整衣服的工人，他的工作速度也是赶不上前者的。

在建筑行业和金属行业中也是一样的。一个工人对同样的材料长年累月地进行着重复工作，那么他耗费的时间和劳动力将会是最少的。经过长期训练，工人精力的消耗比体力的消耗少得多，并且会越来越少。

但是，当这种重复性的工作成为习惯时，机器就可以取代人工来进行操作了。使用机器操作，最重要的是能够将材料固定在合适的地方，这个地方要是机器能够进行比较方便的操作，保证不在这方面消耗太久。假如在机器上进行的劳动和支出能够获得相当的回报，那么困难很快就能解决。之后，所有的工作只需要一个人来对机器进行管理和操作就可以完成了。工人在机器前，一只手将材料放在机器固定的位置，另一只手按下开关，最后再将完成的材料放到已经完成的部分中去就可以了。正是因为这些机器的产生，很多工会的汇报中开始有不满的情绪：过去需要训练有素的技师的技能和判断才能做的工作，因为机器设备的改进和分工的进一步细化，很多不熟练的劳动者，甚至他们的家属都被用来从事这样的工作。

机械对人类生活品质的影响

从上述的事实中可以得出一个规律，这个规律在一些工业部门中的作用更加明显，但它对所有的工业部门都是有效的。不管什么工作，如果它的操作是重复性的，同一件事要用同样的方式重复来完成，那么这种操作就一定会被机器取代。虽然中间会有一些困难，但只要这种机器进行操作的规模很大，人类就会投入资金发明这种方法，直到克服所有的困难。

按照这样的分析，对机器的改进和进行精细的分工是同时进行的，并且两者之间存在着一定的联系，但这种联系并不是息息相关的。市场需求的进一步增加，对同类商品的需求量大增，尤其是制作精良的商品。对机器进行改进和完善带来的影响，主要表现在精细化分工的价值开始下降。举一个例子来说明，波尔顿和瓦特最初在沙河开办工厂时，一致认为，要对分工进行最大限度的划分。但那时还没有现在设计精良的机器设备和工具，只能依赖极少数的技术工人的双手和眼睛的精确程度。要知道的是，当时技术工人的数量远远比不上现代技术工人的数量。波尔顿和瓦特为了解决这个难题，开始给工人固定的特殊工作，以便让他们尽快地成为工作上的高手。这时工人在使用同一件工具设备，以及在制作相同的物品上坚持训练，于是他们工作的熟练程度大大提高了。因为机器的不断改良和完善，机器开始不断取代手工操作，直到再也不需要手工操作了。到了亚当·斯密生活的年代，分工最主要的利益就表现在要获得完全的手工操作技能。机器的使用让工业的规模越来越大，为工业的发展提供了精细化分工的需要，之前的不利影响已经不是最主要的了。总之，机械对人类生活品质的影响，一部分是好的，而另一部分是坏的。

零件配换制度的新时代

对精确度要求极高的工作已经由机器操作取代了手工操作，金属行业中一些进行替换零件的部门发展迅速，他们对机器操作的能力是最了解的。在手工劳动中要把一块材料做成和另一块材料的精度高度契合或者完全相同的程度，除了要接受长时间的练习，还要花费极大的耐心和劳动力，但是这种精度依然不是最理想的，但是机器能很容易完成这样的工作。用手工制造农业机械设备的成本是非常高的，而且这些机器发生损伤时，只能送回原厂进行维修，或者支出较大的费用请熟练的高级技术工人来进行维修。

但在实际上，在制造过程中，制造厂会留有很多由机器生产出来的和损坏部分一样的组成部分，可以直接进行替换。美国西部的农民距离机器店很远，却能安心地使用各种机器。机器损坏之后，农民只需要将机器的型号和损坏部分的型号告诉修理店，很快就能利用便捷的交通将新的零件运送过来自己组装。之前一直没有重视零件配换的重要性，现在越来越多的现象表明，用机器生产制造出来的机器被广泛地运用到了各种生产部门，甚至包括家庭和农业的工作范围，这时，零件配换制度就显得尤为重要。

制表业可以很好地证明，机械对近代工业性质发生的影响。很多年以前，制表业的中心地区是瑞士邻近法国的地区。在中心地区，大部分工作都是由分散的工人来完成，但当时的分工已经极其精细。制表业可以分为 50 个不同的制作部门，每个部门只承担制表中非常小的一部分工作。基本上每个部门都需要非常熟练和专业的手工技术，却对判断力没有要求。当时，制表业属于新兴的行业，还不具备垄断的资本和机会，普通的儿童通过简单的培训就可以开始工作，工资是非常低的。但是，这个工业现在正为以机械制表的美国方法所压倒，这种方法不需要专门的手工技术。随着机器化的不断发展，手工就变得越来越多余；另外，机器的精密程度越高，就越需要管理机器的人拥有更大的判断力和耐心。

现在要将表的各个部分组装成一个完整的成品，专业技术一定要高度熟练，但是在制表厂中使用的机器和其他工厂中使用的机器在本质上并没有多大的差别。有很多是从其他机器改装而来的。分工越来越细致，不同行业之间的界限就会不断缩小。在过去，因为表的需求量减少，即便是其他制造厂需要大量的劳动力，对表厂的工人来说并不是什么值得高兴的事情；但现在，制表的工人转入其他的制造行业，会发现很多机器和之前使用的机械都是相似的。现在将制表厂改成其他的制造厂房，损失也不大，但是在新的工厂中，以前习惯于从事一种工作的工人是不适合去做需要较高智力的工作的。

分工的精细化在很大程度上是由于机器设备的改良和数量的增多，印刷业就是一个很好的例子。在规模较大的印刷公司，工人之间的分工非常细致，但工人从行业内的一种工作转为从事另一种工作的难度并不是很大。在伦敦，从事机器管理或排字工作的人，在失去原来的职位后，大多会利用他们原来的专业技能，以及原来职业中的一般知识去寻找另一种用机器的工作或者其他相关行业的工作。工业中再分工的精细化分界，对很多种工业的专业化来说是有很多好处的，这种分工的界限跨度并不大，甚至只是很细小的差别，所以一个人在原来的部门失去机会后，能够很快地适应其他相关部门的工作，损失也不会很大。但在中世纪，手工业的分界跨度很大，手工工人一旦失业就很难再找到其他的工作。

一方面，机械和科学的工具不断替代需要手工技能和熟练而不需要判断力的工作；另一方面，它们把确实需要运用判断力的那部分工作让人类去做，而且形成了非常需要判断力的各种职业。例如，印刷中新机械的使用，让校对者的判断力、鉴别力、文学知识和版面设计等能力越来越需要加强。

机械的使用减少了工人生活的单调

运用机器取代人工劳动之后，在很大程度上减轻了人体肌肉的过度疲劳。英国工业革命之前，基本上所有的工人都会出现肌肉过度疲劳的现象。在钢铁厂，可以充分证明机器的力量。在规模较大的钢铁制造厂，需要很大的力量才将成品制造出来，这些力量根本就是人类无法达到的，这些需要力量的工作都已经被水力或者蒸汽的动力取代了，工人只需要做好对机器的管理、维护等工作。

对机器的使用虽增强了人类支配自然的能力，但是工作的性质没有多少变化，如果没有机器从事这方面的工作，人类根本就没有办法去取代。尽管如此，不可否认的是，机器在很多行业让人的劳动大大减少了。就建造房屋来说，之前的人运用同样的材料，但是要花费比现在多很多的力量才能完成。现在人们一般选择自己最愉悦和最想了解的部分作为自己的工作，每个乡镇和村落，都有了蒸汽厂，之前容易让人未老先衰的过度疲劳已经在很大程度上被缓解了。

新机器刚产生时，需要很细心地对其进行维护。但是，对机器进行管理的人往往被安排进行其他的工作，只要是需要高度重复的单调的工作，机器就会取代人工劳动。经历了这样的过程，机器的自动化程度越来越高，工人只需要固定的添加材料和取出成品就足够了。虽然人的劳动减轻了，但是还是要对机器进行精心的维护，保证它们的正常运转。但是，随着自动机件的出现，人的这种工作也被取代了，只要机器出现任何部位的故障，就会立刻停止工作。

过去，对浅色或者白色的布匹进行纺织可以说是范围最小，也最枯燥的。但是现在只需要一个女工，就可以同时对四台以上的机器进行维护管理。这样机器每天完成的工作是之前用手工完成的很多倍，这样便使女工们从枯燥的工作中解放出来，但是对判断力的要求就提高了。现在每完成的一百匹布中，枯燥程度下降了80%，甚至更多。

　　在工业发展的历史中，很多行业都可以找到相关的例证。近代工业组织的发展，会运用怎样的方式来缩小每个人的工作范围，这是我们正在思考的问题。工作范围缩小，必然导致工作枯燥，上述的事例就很重要了。精细的分工，一般最易导致肌肉的疲劳，但这种工作最可能被机器取代。这样一来，枯燥的工作造成的损耗就减少了。罗雪尔曾说，比工作的枯燥更严重的是生活的枯燥，工作的枯燥最严重的是会让生活也产生同样的感受。当工人在工作中需要耗费很多力量时，下班之后就不会从事其他活动了，而智力除了在工作中能够运用到之外，平时根本就没有机会用到。但是就算是在工作中，对精力的消耗也是很少的，尤其是在工作环境比较安静，工作时间不长的企业更明显。在工厂的生活环境中，不管是工作时间还是休息时间都能够刺激脑力运动，在看似枯燥的工作中的很多人，智慧和谋略都很高。

　　在美国，农民一般都很能干，他们后代的地位能得到很快提升。这是因为，大片的土地所有权都在农民自己手中，这些社会条件要比英国的农民好很多。美国农民习惯为自己考虑，即使是结构很复杂的机械，他们也能够熟练地使用。但是英国农民的情况就没这样好了。在近代之前，英国农户受教育的程度都很低，并且封建统治已经在很大程度上抑制了农民积极进取的心态。到了现在，这些消极影响都已经不存在了。现在的英国农民在年轻时就会接受良好的教育。在这个过程中，他们学习使用各种对农业有所帮助的机器，自我的独立性增强了，对他人的依赖程度大大下降了。他们的劳动更加多样化，在城市中的最低级的工作也没有他们工作的方式多，并且这种工作有助于智力的开发，他们的地位也渐渐提高了。

专门技能与专门机械的比较

在什么情况下才能让分工获得最大的经济利益，是需要我们思考的问题。经济的使用有两个条件，一个是机器或技术的使用效率；另一个是它们的效率能在合适的工作中发挥出来。要想在生产中获得经济利益，除了要在一定范围内进行重复工作外，还需要不同的工人分担不同性质的工作，而且这种工作能够让工人自身的技术和能力得到充分发挥。如果某一种工作需要特殊的机器，那么这个机器的利益就需要这个机器的使用寿命尽可能地延长。如果需要将这个机器用到其他工作中，那必须是使用这种机器才能完成的工作。如果这种工作用其他的机器也能完成，那么使用这种机器就会造成经济上的损失。

从生产的经济角度来看，机械和人类的社会地位是一样的，机械是生产的手段，而生产的最终目标就是让人能够获得经济利益。曾经考虑过这样一个问题，工作的专业化让少数人承担了工作中最困难的一部分，如果这种专业化到了极限，那么对人类来说究竟是好是坏？

第7节
大规模生产

> 专业机器的采购与销售、适用与改良，专门技术和企业经营管理工作的精细化，是大工厂经济最直接的体现。

原料的经济

大规模生产的经济，在工业上表现得最为清楚。能够自由选择工作的地点是工业的一个特点，这个特点使得工业成为最能表现大规模生产经济的最佳证明。农业、矿业、渔业等在地理位置的分布上都要受自然条件的限制，而制造或者维修适用于少数消费者需要的产业则受到消费者的限制，不能和消费者的距离太远。即便远离了消费者，也不会造成经济上太大的损失，这是工业和其他行业的不同之处。

技术、机器和原料的经济是大规模生产的主要利益。但是，与其他两项相比，原料的经济正在迅速失去其重要性。独立工作的工人经常会将一些零碎的东西扔掉，但是在工厂中，这些零碎的东西则会被收集起来，然后加以利用。地方性的工业中，包括规模很小的制造商在内，都不会出现上述浪费材料的现象。除了农业和家庭饮食习惯有着较大的浪费之外，近代英国的所有工业部门都不会出现这样的浪费现象。不可否认，近代的很多进步是因为废品得到了再利用。这些废品得以再利用在很大程度上得益于化学和机器上的特殊发明，虽然分工的精细化对这种新发明起着很大的促进作用，但并不是直接的原因。

在数量很多的建材或者服装一定要按照一致的样式进行制作时，在木材和布料的裁剪方式上花费心思，能对原料进行最大限度的利用，减少材料的浪费。这属于技术经济的范畴。

大工厂的经济

专业机器的采购与销售、适用与改良，专门技术和企业经营管理工作的精细化，是大工厂经济最直接的体现。而小制造商的经济体现在监督上，现代知识的发展给小制造商的发展提供了便宜。

随着机器更新换代速度的加快，很多小制造商处于劣势。因为即使不算利息和机器维护费用，单因为机器的改良，小制造商要承担的折旧费就非常庞大。这导致了许多小制造商使用手工或不完善的机器来制造商品，虽然他知道使用专业机器制造的东西更好，成本更低。

另外，小制造商未必知道目前最适合他的机器是什么。如果他从事的工业已经实现大规模生产，他只要有资本购买市场上最先进的机器就可以达到行业的标准。目前，农业和棉纺业已经是这样的工业。但是对于一些处于初级发展阶段的工业，如化学工业、制表工业等都不是这样的。

在上述行业中，制造商为了他们自己的生产需要，设计出了很多新的机器以及新的制造方法。这种新的变化很有可能成为又一次失败的新实验，而成功的实验就要承担本身和之前失败的实验所用的花费。小企业的经营者可能会认为自己能够对机器进行改进，但是不得不思考的是，对机器的改进进行尝试，要承担的风险和花费都非常大，而且对自己其他的工作会产生不利的影响。即便能够完成改进，未必就能进行充分的利用。如果制造商能够发明一种特别的新发现，并且这个新发现能够引起社会的广泛关注，那么这种发现的市场前景就非常广阔，但是真在付诸实践时，就要花费大量的资金，这样也许会迫使他放弃这种打算。对于已经存在的畅销产品，制造商对这类产品的改进还是具有优势的。但他的发明想要获得很好的利益也是很困难的，除非他申请获得这项发明的专利，或者出卖使用权。要么将使用权卖出，或者是扩充资本来扩大经营，要么就彻底改变原本经营的性质，将资本投入改进之后的制造阶段。但是上述的情况都是很特殊的情况，随着机器的式样越来越多，价格也越来越贵，小制造商的压力格外沉重。正是由于这样的情况，他们已经被很多行业完全排挤出来了。

在一些行业中，大规模生产从机器上获得的经济，在工厂的规模缩水到中等的时候，就基本上没有了。在棉纺业和织造业中，小工厂在保证生产过程中持续使用性能良好的机器的同时，它自己的地位不会受到影响。这样就可以将大规模的工厂看成几个小工厂的组合。有些棉纺织工厂的经营者在扩大工厂规模时，往往会将纺织的部分扩大。在这样的情况下，大工厂就很少获得机器的经济带来的利益。在建筑行业，烟囱的建造，在蒸汽动力的经济和机器的管理维修上，也会有一些节余出现。在大的轻工业工厂中，拥有自己的技术部门，就能减少维修的花费，在故障出现时能够及时地进行修理。

不管是什么类型的大工厂，总是会获得和上面最后一个事例中所获取的经济相似的经济，这些是小企业不具备的。大企业在购买生产资料时，数量往往很大，价格很低，运输费用也很低廉，这样就可以节省很大一部分开支。如果火车能开到工厂附近，工厂能节省的运输费用就更多。大批量销售产品，可以避免很多麻烦。大工厂在做零散销售时，因为库存很多，消费者可以进行充分选择，而且大工厂的品牌还能让消费者对其产生信赖感。这些大工厂可以利用旅行中的商人和其他的方式进行广告宣传，经营店会将远距离的商贸消息稳妥、可靠地提供给工厂。工厂自身不同产品之间也能互相宣传。

企业合并能成为一种趋势，首先，最主要的原因是合并后的企业具有组织性购买和销售的经济。这是德国卡特尔和其他同行业的组织进行联合的主要原因。这种经济可以使小企业的经营风险分摊给大企业。

其次，是技术的经济。有能力购买专业机器的大工厂可以获得机器上的经济，这对专业程度很高的技术来说同样有用。大工厂能让员工长期从事他能力范围内能承担的工作，同时，将工作的范围不断缩小,以便产生熟练使用带来的经济效益。大的制造商比小的制造商更有机会获得技术人才,这往往就是大工厂创造品牌的部分。

大企业的领导者能保存他的精力用以应对企业最广泛和最基本的问题。他不必为细节问题操劳,可以将更多的精力用来解决企业最重要和最艰难的问题,还能对市场变化和国内外的重大事件对企业的影响进行预测。而小企业的领导,即便他具备这样的能力和才干,也没有时间进行这样的工作。他对行业的情形往往看得不够远,只能跟在别人后面。此外,他的日常工作需要花费很多时间。如果他想获得成功,就必须具备超强的创造和组织能力。

但小企业的领导有自己的优势。他可以直接监督工人,防止他们偷懒;企业中职责分明,不会出现互相推诿的现象;可以省去烦琐的账目记录工作,这在大企业中是必须的。

小制造商在获取消息和进行实验方面处于不利地位,但他仍然能够从大的发展趋势中获得有利帮助。在对企业的经营知识上,外部经济越来越多地发挥作用,内部经济的重要性正在降低。通过报纸和其他各种出版物,小制造商能够不断获取信息。经营方面已经不存在什么秘密了,经过最初的试验,方法上的改进是大家熟知的,这些对小制造商很有帮助。

现在,依靠实践经验使企业发生的改变越来越少,更多的是依靠科学原理和方法的改良。在这些改良中,有一部分是由为了寻求知识的学者实现的,并且为了公众的利益,快速地发表改良方法对他也是有好处的。如果小制造商拥有足够的时间去获取知识,那么他在竞争中即使不能处于领先地位,也不会落后。

规模生产带来收益的行业，产品多不易售出

经营农业和许多其他行业的人，不会因为生产规模的扩大而获得更多收益。这样的企业在相当长时间内在生产规模上不会有任何变化。但是，如果大企业能够得到小企业无法获得的各种重要收益，情况就另当别论了。一个新经营企业的人，如果想在某行业站稳脚跟，和一些资本雄厚，机器和劳动的专业化、自动化程度高，与其他经营者联系密切的大企业进行竞争，并获得利润，他就必须拥有足够的精力、强大的适应能力、勤劳、对企业的各种细节问题非常关心。如果他将产品数量增加一倍，但仍以原来的价格将产品卖出，他获得的利润将是原来的两倍。这样一来，他在银行和其他投资者眼中的信任度就提升了，他可能获得更多的资金来扩大规模。这又将扩大他的经营，如此循环。

开始看不出哪里是他会停下来的地方。在大规模的经营中，他也拥有足够的才能和精力，那么他的企业将逐渐形成行业垄断。另外，高价引起竞争者出现是限制有限垄断的主要原因。但在未达到垄断之前，虽然他的能力依然在，但他不再努力工作，他就不再进步。这时，他将企业转给和他能力差不多的继承人去管理，那么他的企业就可以长时间保持昌盛。但想保持这种不断发展的趋势，一定要具备很难在一个工业中并存的两种因素。一些行业能够通过增加生产量来获得较大的内部经济；而在另一些行业，能够通过产品的畅销来获得外部的经济。但这两种情况同时存在的企业并不多见。

一般来说，比较重要的能够大规模生产的行业，它的产品

要畅销都很困难，但也有例外。对于性质单一，可以大批量生产的产品，市场的前景也很广阔。但是这种产品一般是农产品、钢铁产品和布料之类的产品。正因为它们单一，所以才能进行批量生产。

生产这些普通物品的企业，除了在主要的生产中运用最近发明的高级机器之外，它的地位很难稳固。在满足这个条件之后，其他的次要的生产工作，交给相关行业就能完成。在大企业和其他企业之间能够获得的经济利益之间，区别并不明显。小企业遭受大企业排挤的趋势，已经偏离了原来的方向，开始促进这种趋势发展的各种力量都已消耗殆尽了。

只有很特殊的商品，才能让报酬递增的规律产生强大的作用。而这些特殊商品的生产企业都是花费了很大的资本才逐渐得到了特殊的市场。生产能力能比较容易地提升，销路却不能。

一个企业能够获得新的生产经济的条件，即是新企业取代它的条件。特别是强劲有力的大规模生产经济，和新的生产工具和生产方式联系在一起之后，如果企业不能长久保持旺盛的精力，衰落就是必然的，而大企业的全部生命力能长期维持的并不多见。

大商店与小商店

大企业胜过小企业的各种优势在工业上是明显的。而在其他行业，这种倾向也越来越明显，在零售行业中表现尤其明显，小商店开始衰落。

与小商店相比，大商店具有如下优势。第一，大商店可以规模订货并降低商品的运费，可以为消费者提供更多的选择。第二，大商店拥有强大的技术经济，小商店要花费很多时间去做日常工作，大商店可以雇用助手来完成这些工作，而店主只需将精力集中在需要运用判断力的事务上。但小商店的优势会抵消大商店在这些方面获得的效益。小商店的送货上门服务，能够满足不同消费者的需求；小商店对非常熟悉的消费者能够放心赊账来借出资本。尽管如此，现在的诸多变化还是对大商店更为有利。

现在，赊账的习惯已经没有了，这是社会进步的表现，但经营者和消费者之间的关系已经越来越疏离，这种变化是很遗憾的。另外，时间变得越来越珍贵，人们不再愿意花太长的时间去购物了，更多的是从详细的价格表中选出自己需要的商品，写出很长的订货单，通过包裹邮寄来完成商品的购买。如果他们决定上街购物，附近的火车或者汽车能够让他们到城市中心的大商店去选购，并且更加便宜。由于这些变化，即使在食品业和其他不需要很多库存的行业，小商店的生存也变得更加艰难了。

商品样式的多样化和潮流的迅速变化对小商店尤其不利，因为其没有足够的库存来供消费者挑选。如果紧跟最新的样式来订购货物，小商店的那些过时而卖不出去的商品所占的比例比大商店要多很多。家具、服装和其他一些行业的机制商品变得越来越便宜，很多人不再去小商店定做，而直接去大商场买回来。大商场和制造商之间往往没有中间商，这就不用招待代理商了。小店主在修理等行业还占有一定的优势。另外，许多行业中有巨资的企业，宁愿成立许多分店也不愿意成立大的商店。在这些行业中，采购集中于总店，这样分店有大量的存货却不必保持大量存货的费用。分店经理能专心接待消费者，如果他能力出众，对店铺的业绩非常关心，就会成为小店主们的强敌。这样的情况已经开始在服饰和食品行业显现。

依靠地理位置的工业

这一节讨论依靠地理位置分布的工业在大规模生产中的变化。

现在，运输行业中小规模的经营形态包括了乡村的搬运工和少量的马夫。铁路和公路的规模正在逐渐扩大，对他们进行经营管理需要投入更多的资本。大的商业船队通过统一管理，在各地的港口都能迅速装卸货物，因而能够获得各种收益。随着商业日益多样化和复杂化，获得的利益会随之增加。在运输行业中，除了运输垃圾、自来水和煤气等企业由国家经营外，人们强烈赞成更多的行业由国家来经营。

大矿山与小矿山、大石坑与小石坑之间的竞争，没有表现出一种具体的倾向。在国家经营矿山的过程中，有很多不幸的事情发生。这是因为矿业的经营，过于依赖主持人的刚正和对细节问题及一般问题的判断。我们期待在大小矿山和石坑的竞争上，在其他条件保持不变的情况下，经营者能够拥有自己的看法和应有的地位、权利。但购买工具和交通运输的费用很高，规模不够大的企业根本无力承担。

在农业上是不存在分工和大规模生产这样的说法的。这是因为，一个规模中等的工厂雇用的劳动力的数量，是所谓的大规模农场雇用劳动力数量的十倍。一方面，由于自然条件的四季更替，很难在一个地方雇用到大量的劳动力；另一方面，是由于租地法的相关规定。这些问题，将在对土地的供给和需求进行分析时，再进行细致分析。

第8节
企业管理

前文我们分析了工业和雇用手工操作工人的企业关于经营管理的问题。现在我们要分析商人承担的各种职能和责任。包括这些职能在大企业的领导者之间如何划分；在生产部门和销售部门相互合作的企业中，这些职能又怎样划分。

博学职业的直接交易

原始的手工业者与消费者直接交易，博学的职业通常也采取这一方式。在这中间没有第三方的介入。

经营广义上指只要能够满足人的需求，以期从受益人处得到直接或间接报酬的所有事情。它与个人为了满足自己的需要的事情不同，也与由于友谊和家庭情感等原因的善意帮助不同。

最初从事手工业的人，他的所有经营都是自己管理的。他不需要对其他工人进行管理，这样的工作不会消耗太多的脑力。因为战争和灾荒对他和周围的人不断地增加压力，让他的工作没法正常继续下去，所以他的生意不能长久兴隆下去。但是就像他认为天气的好坏是他无法控制的一样，运气的好坏也是不受控制的，尽管他不间断地劳动，脑力却不受影响。

同样，医生或律师都是自己经营、打理所有事务。这种方式不是尽善尽美的，一些自由职业者拥有相当高的技能，却没有经营能力，这样很多行动就没有起到效果。假如第三方能够为他们安排工作，他们就能获得丰厚的回报，提高生活质量，并为世界做出更大的贡献。但这种高级和精细的才能服务，只有在对一个人完全信任的状态下，才会实现所有的价值，第三方一般是不被信任的。

英国的律师，除了雇主和企业家这两种身份之外，还能担任法律事务顾问。有很多优秀的青年教师，通过学校这种机构，来向消费者卖出他们的服务，还有的是通过购买他们服务的校长来实现的。雇主提供出卖教师劳动力的市场，即便购买者本身缺乏判断力，也能够获得授课质量的保证。

各种艺术家多会认为雇用劳动力为消费者提供服务是很有好处的；同时，一些没有声誉的艺术家则依赖投资商生存，这些人本身不是艺术家，却能够将艺术品用最能得到好处的方式卖出去。

管理者

很多人能够对生产进行指导，在进行一定程度的努力后，就能最大化地满足人们的需求。但在现在绝大多数经营中，这种工作开始由专业的雇用者来胜任，换句话说，就是开始由管理者来支配。经营风险的承担，工作必要的劳动和资本的聚集，对于经营的安排，对细小的事情进行监督，这样的事情都落在了管理者身上。从一种角度来看，管理者是高度熟练的产业阶级，从另一个角度来说，他们是手工操作的工人和消费者之间的第三方。

有一些行业中的管理者，他们并不是劳动力最直接的雇用者，却承担着极大的经营风险，他们的产品对于生产者和消费者来说，影响力都很大。这类管理者的典型代表就是存在于商品市场和证券交易场所之内的商人。尽管他们每天对巨额的资金进行投资，但是他们很少拥有工厂或者仓库，有的只是一个工作间和少数的劳动者。对这种投资活动，结果的好坏判断并不简单。而我们需要分析的是那些很少从事投机活动，但是非常重视经营管理的企业形式。这里，普通的工业形态是最好的例证，此外要留意管理者的其他工作和承担风险之间的关系。

许多行业的经营风险与管理细节无关

在建筑业和其他一些行业中，经营的主要风险，有时与经营管理的细节工作无关。

建筑业是最合适作为例子的普通工业形态，主要的原因是它在一定程度上还保留着最原始的经营方式。中世纪末期，即使没有建筑师的帮助，个人也能自己建造房屋，这种习惯至今还存在。自己雇人建造房屋，在建材和时间上都有很大的浪费。这样的浪费利用分工可以完全避免，让专业的建筑人员来监督工人，建筑师承担设计的部分。

如果房屋是由专门的建筑公司来负责建造，而不是由房屋的主人雇用工人来建造时，分工的程度就能达到最大化。假如一个城市需要开辟新的郊区，这样大规模的建筑会获得极大的好处，就会吸引财力丰厚的资本家的注意。这些资本家虽然经营能力出众，但他们建筑方面的知识还很匮乏。他们会根据自己的判断来预测未来住房的供求关系，细节问题他们会交给他人来管理。建筑师和测量员被雇用之后，按照资本家的意图进行设计，设计完后，资本家和专业的建筑业者签订合同，由建筑业者按设计施工。经营的风险由资本家承担，经营的方向也掌握在他们手中。

大工厂时代还没有开始之前，羊毛业的责任划分是大家都知道的。企业家承担具有投机性质的采购和销售上的风险，但这些企业家并不是劳动力的雇者。小的承包商承担管理的细节工作以及在履行合同过程中出现的一些小风险。在纺织业对未来预测十分困难的部门中，这个方法仍然很流行。

"家庭工业"的复兴在服装行业表现很明显，而很久之前这个行业在纺织业非常流行。家族工业是大企业家将工作分配给能够独立劳动的人，或者是他的家属也能够帮忙的工人，还有就是雇用一部人到小的工厂去完成工作的一种体制。在英国很多偏远的乡村中，那些大企业的代理商会在不同的乡村之间，将衬衫、衣领、手套等半成品的制作材料分配给不同的村庄，最后将成品带回。世界的大都市和古老的大城市中间，有着很多身体和精神并不强壮、品质低下的不熟练的劳动者。工厂和家庭工业之间的竞争一直存在，并处于此起彼伏的状态。

虽然国外的商人没有属于自己的船只，但是他们能够集中精力分析贸易发展的方向，并勇于承担最主要的风险。假如他们购买了船只，就要承担更大的困难和经营的风险，于是他们雇用其他人来承担运输的部分。这些人拥有很好的经营能力，但是对未来的预测和分析能力，则不是很强。在出版行业中，一般是由作者和出版商一起承担主要风险，负责印刷的人是劳动力的雇用者，为相关的经营活动提供高价的印刷工具和机器。

一个工厂的主要成就，很大一部分是依靠一批一直坚持工作的劳动者来获得的。但是，对资本家来说，将工作分配给工人回家去完成，如果这一部分工人的数量较多，对他是有好处的。这样他就可以对其中每个人偶尔给一部分工作，让他们产生竞争。因为这些工人彼此并不认识，他们就不能采取统一的行动来维护自己的利益。

理想工业家所需的才能

一般认为，劳动力的雇用者就是实际经营收益的获得者。这是因为，在研究经营取得的成效时，人们认为和收益联系最密切的就是劳动力的雇用者。在经营管理中，对劳动的监管并不是特别重视，它只是很小的一部分。承担全部经营风险的雇主，为社会履行着两种完全不同的职务，他们需要有双重能力。

应用一部分利润来拥有经营所需的固定场所，满足消费者对特殊商品的需求并不是主要的。首先，他要对自身所处的行业有清楚的认识和洞察力。作为管理者和生产组织者，他产生的影响很大。对生产和需求的变化，他要能准确、及时地判断，能够敏锐地察觉到新的商机，判断对原有生产方案有利的契机。他承担着生产经营中的主要风险，所以一定要对所在行业的生产资料和机器有着清醒的认识。

其次，他要拥有天生的领导才能，这是从他作为劳动力的雇用者所产生的影响来说的。助手是非常重要的，他们要选择能力最适合的助手，并充分信任助手的能力。管理者要通过一定的方式刺激助手关注企业的经营情况，激发他们的事业心和创造的才能。同时，大局的掌控权要掌握在自己手中，保证经营方案的正常执行。

一个完美的管理者要拥有许多才能，以致同时拥有这些才能的人非常罕见。但是这些才干的重要性不是一成不变的，因为工业性质和经营的规模不同，不同才能的重要性是不一样的。不同的管理者，拥有的才能也会不相同。很少有管理者会因为拥有相同的一套才能而成功的。

以上都是对企业经营管理的一般能力进行的讨论，而不同的阶级会怎样利用契机发展经营才干，在获得契机之后，对发展这种能力的资金要进行怎样分配也是值得讨论的问题。上面所分析的重点是责任、风险都掌握在一个人手中的企业管理形式。而经过现在的分析之后，企业的各种管理方式都可以联系起来。之前由个人经营管理的方式正在逐渐被其他的企业组织形式取代，现在更多的是企业的合伙人或者股东分散了企业的最高权力。私企、股份有限公司、合作社、公共事业在企业中所占的份额越来越重。之所以会出现这样的情况，最主要的原因就是这样可以给更多的人提供管理的机会，特别是那些能力出众，却因为继承制度而无法获得机会的人。

商人未形成世袭阶级的原因

众所周知，成功商人的后代，从出生起就拥有比其他人更多的优势。他年轻时就能接受很好的教育，获得知识和才能。在很大程度上，他从接受的教育中获取的知识都是他的父母在企业经营中所需要的。在周围环境的潜移默化下，他父母企业中有关联的行业买卖和相关人物的基本情况他就会有所了解，也明白了经常思考的那些问题的重要性。于是他就掌握了这个行业的专业知识，包括机器制造和使用方法。而这些知识，有的只能在他父母的行业中才能发挥作用，而更多的对其他相关行业都有帮助。此外，因为父母，商人的后代很小就开始接触其他企业的领导者，这些领导者身上敏锐的判断力和洞察力以及不断拼搏的精神会对他产生影响。

成功商人的后代，在从事生产经营时拥有比其他人更多的物质财富。他们继承父辈的企业后，企业与其他企业的联系和物质财富，都对他有很大帮助。

这样看来，成功商人将自己的后代推到管理者的位置，很可能让商人世袭阶级变成现实，从而成立一个商业管理的王朝，长时间统治管理。然而，实际情况并非如此。这是因为，在他们成功地建立一个大规模企业之后，即便是他的后代拥有各种有利条件，却很少具备将这样一个大企业永久发展的才干。

成功的商人一般具有坚强的性格和顽强的毅力，但他们的后代拥有很好的家境，很少具有这种品质。

上一辈的努力为后代建立了一个相对稳定的经营纽带，以及能力出众的下属和帮手。只需要按照正常的步骤，将企业的传统发挥出来，长时间维持正常运转是可能的。但因为时代的变化，之前的计划方案不一定符合现实的情况，加之老职员会逐渐退出公司的经营管理，分崩离析是企业发展的必然趋势。

而成功商人的后代大多还通过更为快捷的方式达到这种结果。他们认为，与其用辛苦的工作来换取两倍的利润，还不如轻松地享受现有的丰厚的利润。

所以，他们就会转变企业的形式，不再由自己一个人来承担风险和利润，而将企业卖给私人企业或者股份公司，或者是隐藏的企业合伙人，这样他就不再参与企业的直接经营管理，资本的掌握权就属于其他人了。

私人合伙组织

想要企业一直保持强大的势头，可以从能干的下属中提拔一批年轻人，使他们成为自己的合作伙伴，这是最古老也最简便的方式。随着年龄的增长和精力的减退，大企业的管理者会越来越依赖主要的下属来承担更多的责任。尽管最高的经营权仍然还在手中，但由于各种原因，他的后代无法帮他承担责任，他就会将自己信任的下属变成合伙人，在减轻自己负担的同时，也放心让合伙人将自己的企业管理下去。

除此之外，两个或者更多条件相差不大的私人企业，或者财富和能力相当的人，将所有资产和能力联合在一起，来从事比较困难的大企业的经营，这种情况现在是很常见的。这就需要对经营权进行清楚的分工。就像在工业中，其中的一个负责生产资料的购买和商品的销售，而另一个就负责工厂生产过程的管理；在零售行业，一个负责批发，另一个负责管理零售部门。经过明确的分工，私人企业会有非常强的适应性和伸缩性，能适应各种不同的问题，释放顽强的生命力。

股份公司组织和国营事业

从中世纪末到现在，一些行业已经从私人企业转变成了股份公司。股份公司的股票在公开市场上可以随意进行买卖，而私营企业的股权只有经过同意才能买卖。这种变化使得很多对经营知识匮乏的人将他们的资金交给其他人去支配，新的企业管理分工也应运而生。

股东将企业经营管理的细节工作完全下放给雇用的经理。他们不经常参与企业的具体经营，但要承担企业经营的所有风险。企业的创建者不再参与具体的管理，董事就掌握了主要的经营权。在大规模企业中，董事所持的股份比例很小，他们的管理经营知识和技巧很匮乏。

董事不需要整天在办公室工作，主要是在保证经理坚守岗位职责的情况下，运用自己的知识和判断能力，解决在企业规划上的重要问题。而经理不需要承担企业运行的资金，他们主要让下属承担经营规划的主要工作和管理的所有工作，很多人认为他们是根据自己的管理才干一步步升职到现在的职位的。

在英国，国内的各种企业形式中，最多的就是股份公司。这样，拥有极高管理经营天赋的人，在股份公司中就找到了施展自己才华的机会。

股份公司具有很大的伸缩性，在很多方面都具有很大的优点，如果它的业务范围足够广阔，就能无限制地进行扩大。但它有一个非常大的缺点，就是股东虽然承担企业的主要风险，但对公司没有足够的了解。

尽管有些大规模的私营企业的领导者也承担着主要的风险，具体的工作也是雇用劳动力来完成的，但他能够对下属的能力和忠诚度，能否为他带来更好的效益做出直接的判断，所以他能保持地位的稳定。

假如他雇用的劳动力在购买和销售产品时，从第三方获得非法收入，他能很快察觉到这种欺骗行为。当他雇用的劳动力任人唯亲，不考虑实际能力，或者不能很好地履行自己的职责，或者是当初出众的能力已经消磨殆尽，他能及时纠正这些错误。

股份公司中，有了解具体工作情况的一些领导者，但大多数股东对上文提到的情况是毫不知情的。现在，商业上的诚信和公平竞争有了惊人的进步，大部分公司领导者不会受到一些员工在工作上的非常大的诱惑而去做违法的诈骗性质的事情，这就是一个有力的证明。

如果像最初出现文明的商业历史中一样，股东故意利用职务之便去获取公司的利益来满足自己的需要，那么就会出现大范围的信任危机，最终会阻碍这种公司形态的进步。商业秘密的不断减少和公开的程度加大，对促进商业道德是很有帮助的，以致它能一直这样进步下去。

大的股份公司和国营事业在经营管理上的问题并不简单，其中有很多至今都没有定论的，在这里不进行讨论。尽管大企业的增加速度不如想象的那么快，但是已经足以让这些问题日渐迫切。矿业、运输业和金融业如果没有雄厚的资本作为后盾，就不会有太大的发展。

市场的范围和作用的影响，在大宗贸易的处理上技术也更加成熟，这导致了之前变化的出现。国有企业中，民主氛围很强，也存在着经营技术和组织形态上的创新，这在私营企业中比较少见。因为经营的时间比较长，规模也在不断扩大，私营企业难免会染上官僚的做法。

这样一来，小企业发挥创造性的范围就变小了，这很可能带来新的不利影响。

美国的生产规模可以说是最大的，它们的生产一般都带有垄断性质，就是俗称的"托拉斯"。在这些垄断企业中，不乏从单独的企业中发展起来的，但是更多的还是由多个独立的企业合并而成的。他们最初的合作就是德文所说的"卡特尔"，是一种比较松散的企业之间的合并。

合作社及利润分配

为了避免出现股份公司和国营事业经营方式的缺点，所以出现了合作社。

合作社背负着很多希望，但是这种形式比较理想化，一般难以实现。合作社中承担经营风险的一部分或所有股东都是企业雇用的。这些被雇用的人，即使不能提供企业的物质资本，也能得到收益，同时享有某些选举权，通过员工大会决定企业的经营管理计划，并任命职员去执行这个计划。他们是自己的经理和工头的雇主和主人，他们有自己的方法来判断经营计划是否被有效执行。

但合作制本身存在着很多问题。对个体来说，这些被雇用的股东不是自己或经理的最好领导。一般表面上看不出难度的工作才是企业管理中最艰难的工作。

一方面，手工操作的工人，看低了对于企业经营管理进行计划的工作强度和难度，容易产生不满的情绪；另一方面，这种工作的报酬与在其他地方得到的差不多，他们容易滋生不满。而合作社的经理也很少具有私企领导者的机警、创造性和多才多艺。所以合作社到现在还没有完全实现，除了在零售行业小有成就之外，基本没什么建树。但是，最近兴起的"合股经营"已经取得了一定的成绩。

合作制度的理想，在某些方面比它的实践更高尚，但它更多依赖道德的动机。很多合作原理在各种条件下进行着尝试，并且表现出新的气象。私营企业保留管理上的自由权，在利润的分配原则上，他们会按照市场的标准分给员工报酬。不管是按照市价还是数量来分配，企业会将自己预计范围内的底线以上的任何收入分配给员工。

企业希望通过减少摩擦来增加企业的物质和精神回报。这样，员工也会乐于去做一些对企业有利的事情，以吸引才干和能力都在中等以上的人来为企业劳动。

第9节
报酬递增倾向与报酬递减倾向

> 报酬递减说明投入的资本和劳动增多，组织就会得到进一步的改进，而这种改进又会反过来增加资本和劳动的利用效率。

报酬不变与报酬递增

在分析影响商品和供给价格之间的各种因素时，产生的结果一般是很重要的。为此有必要对一种商品的生产和总体的生产量的正常开支做出详细的研究，这样，对总体生产量下面一个典型的生产者的所有开支进行研究也是很有必要的。这个代表一般不是刚刚参加的生产者，也不能是一个拥有非常持久能力和好运气的企业。生产费用应当以一个代表性的企业来说明，这个企业能正常获得属于一定的总生产量的内部经济与外部经济。

不论是私营企业还是股份公司，在经过大范围的调查之后选择这样一个企业来进行分析，按照现在的水平来推论，它是可以代表这一行业的，这样就能达到研究的目的。

任何一种商品总生产量增加，具有代表性的普通企业的规模就会扩大，相应地会增加它的内部经济。外部经济会随着总生产量的增加而增加，因此就能够花费更少的劳动和投入来生产商品。即受自然的影响，生产上会出现报酬递减的趋势，但是经过人类活动的影响，则会出现报酬递增的趋势。报酬递减说明投入的资本和劳动增多，组织就会得到进一步的改进，而这种改进又会反过来增加资本和劳动的利用效率。

投入的劳动和资本的增长，会让获得的回报增长一般不会出现在从事农产品生产的行业中。而前文所说的对组织的改善会逐渐减少，这种减少的力量超出了自然阻碍农产品增长的最大阻力。假设报酬递减律的作用被报酬递增率的作用抵消了，那么就会出现报酬不变律，这时，产品会随着劳动和资本的增长而保持相同的比例来增长。

报酬递减律和报酬递增率的趋势是相互压制的。报酬递减律在不能自由地进出口小麦和羊毛的国家中是非常有利的。但在很多精细生产的工业部门中，生产资料上的开支一般不会产生太大的影响。这样在大多数近代运输业中，报酬递增律所起的作用基本是无法抵抗的。

报酬递增说明一方面是努力和牺牲的数量，与另一方面是产品的数量之间的关系。因为生产方式的改变。但由于需要各种新的机械，与以前不同的比例的熟练和不熟练的劳动，这些数量就无法准确计算出来。但大致上我们可以说，在近二十年内，一定的劳动和资本所生产的总量增加了 1/3 或者 1/4。因为货币的收支比较容易变成对资本利润率的估计，所以用货币的方式来衡量开支和产量，是一种很危险的方式。

人口密度与社会福利

在人口密度大的城市中，损坏健康和精力的习惯是伴随着人口的快速增长而发生的。有时，人口刚开始出现增长的趋势时，生活资料的供给就超过了限度，人们就会用改进之前的工具过度开垦土地，这就引起报酬递减规律在农产品上的强烈作用。但他们没有足够的能力去减少这种影响，这就导致了贫穷的出现。而且伴随着人口的继续增长，性格上的缺点会产生严重的后果，对整个民族的工业发展都是极为不利的。

前文说的都是人口增长的不利方面。对于一个拥有个人能力和活力的民族来说，不能否认的是，在共同效率提高的情况下，超过人口增加的比例是能实现的。利用简单的运输来输入生活资料，暂时缓解报酬递减律的影响；他们财富增长的速度能够和人口增长的速度保持一致，保持良好的生活习惯，保证身体的强健，那么他们获取生活资料的能力就会增长。随着人口的增长，专业的技术和机器、地方性工业、大规模生产等不同的经济也会增长，这样交通就更加方便了。

人和人之间的距离拉近了，社会交往节省了大量的时间和精力，他们有更多的机会享受不同的舒适生活和社会娱乐活动。虽然人口的增长破坏了之前的宁静，对环境产生了一定的破坏，但总体来说还是利大于弊的。因为人口的增加带来了更多的享受，在农产品和其他生活资料能够满足需要，身体和精神道德的能力也不会因为自然环境的破坏和过分的享受受到损害的情况下，我们可以说，人口增长带来了物质财富的享受，并能更好地促进生产，那么这些用于享受的总体收入就会增长。

比人口增长速度更快的是文明国家的财富积累。在一定程度上，人口增长的速度稍慢一点儿，每个人拥有的财富增长就会更快一些。但随着人口增长而来的，对物质生产的帮助会比以前增长的速度更快。

在英国，非常简单就能得到国外大量生产资料的供应，人口增长除了对空气、阳光等自然资源的需求日益困难外，用来满足人们其他需要的也比以前多得多。这部分的增长就是人口的增长带来的，和工业效率的提高没有直接关系。人口增长对没办法增长财富的人来说还是不利的。英国虽然能够从国外获得大量的农产品，但如果国外的贸易法规出现变化，这种供给就会受阻，如果发生战争，很可能完全阻断这种供给。这样一来，为了保证国家安全、预防战争带来的军队费用的增长，英国人从报酬的递增率中获得的利益就要减少。

第 5 章

需求、供给与价值的一般关系

需求和供给的暂时均衡

在商品市场上，买主和卖主议价时一般处于相同地位。劳动力市场与商品市场的一个区别是：各个劳动力卖主可出售的只有自己的劳动力。

需求和劳作之间的均衡

一般来说，在偶然的物物交换中几乎没有真正的均衡。但是，在需要和劳动之间存在真正的均衡。当某人以自己的劳动来满足自己的某种需求时，这种均衡就能被发现。人与人进行偶然的物物交换，有时也会出现真正的供求均衡，但这极为罕见。在历史上，物物交换比买卖出现得早，而且它有些方面比买卖复杂。在较高文明的市场上，有一些可以证明真正均衡的简单事例。

劳动力市场的特殊性

如果一个人购买某种东西是用作自己消费，他花在这种东西上的钱只是他拥有的总资金的一小部分；如果他购买这种东西是用作经商，那么他的潜在资金还是与以前一样多，因为他早晚会把这些东西卖掉。我们可以说，无论是前文的哪种情况，他在出手货币的意向方面都是无显著变化的。也许这并不适用于所有的人，但市场仍然是稳定的，因为市场上肯定总有一些拥有大量货币的人存在。

这些例外，在商品市场上出现得不多，也不重要，但在劳动力市场上出现得多，也很重要。当一个工人空腹度日时，他对货币的需要（即货币对他的边际效用）就很大。如果他与雇主议价时处于劣势，而且以低工资被雇用，那么他对货币的需要同样很大。因为在劳动力市场上，买主在议价方面一般处于优势，而卖主则处于劣势，所以工人往往以低工资受雇于人。但是，在商品市场上，买主和卖主在议价方面一般都处于相同的地位。另外，劳动力市场与商品市场还有一个区别：各个劳动力卖主可出售的只有自己的劳动力。

经济学家和雇主通常把劳动力视为一般商品，把劳动市场视为一般商品市场，工人阶级对他们的这种做法有着本能的反抗。

劳动力市场和商品市场的区别，在理论上来说不是根本的，却非常显著，而在实践中也很重要。所以，当我们计算边际效用既取决于商品量又取决于货币量时，交易理论就变得复杂了。

正常需求和供给的均衡

在估计的价格极低的情况下，即使直接用作生产成本的费用很低，也能生产出与市场需求相适应的供给。而这些产品，也许不在生产的边际之上。当估计价格有所提高时，所增添的那一部分产品的价格将会比直接成本高很多，而且其生产边际也会相应地扩大。

未来估计的影响

对未来的估计，几乎会影响到一切不易损坏的商品的交易。在本章中，我们要研究供给价格是由什么因素决定的。

在谷物市场中，对生产和消费的未来关系的估计，会影响到均衡价格。期货买卖在欧美的主要谷物市场上已占据着优势，而且它迅速而密切地将全世界谷物市场的主要路线联系起来。在期货买卖中，确实有一些纯属投机的行为，但大致还是取决于对全世界消费量的估计，以及对全世界现有储存量和未来收获量的估计。各种谷物的播种面积，作物的成熟时间，收成情况，可代替谷物的那些东西的供给，以及谷物可代替的那些东西的供给，这些都是商人关心的。对未来供应品生产费用的估计，会间接影响到一些商品的价格，所以价格上涨的预期就必定影响到期货的预售情况，而这反过来又会影响到现行的价格。

价格在哪些时期内变动，是我们在本章和以下几章中必须专门讨论的问题。但是，这些时期是比较长的，它们甚至要长于那些最具远见的期货商人所预料的时期。另外，与市场状况相适应的生产量，以及正常需求和供给所决定的处于均衡位置的正常价格，也是我们必须考虑的问题。

生产费用与生产要素

一种商品的供给价格与它的需求价格之间存有相似点。当我们假定生产效率完全取决于工人劳动的努力程度时，我们可以发现："一定数量（指一定单位时间内的数量）的商品的供给价格，其实就是生产它们所必要的努力而需要的价格。"然而，我们现在还需要考虑，在生产任何一种商品时，我们都必须付出许多不同种类的劳动，并且必须使用很多各种形式的资本。生产某种商品直接或间接所需的各种不同种类的劳动，生产中节约或储蓄使用资本所做出的牺牲，把这两者加起来，就构成了商品生产的实际成本。而把对这两者必须支付的货币金额加起来，就构成了商品生产的货币成本，即商品的生产费用。其实，商品的生产费用就是商品的供给价格，因为生产费用就是为生产商品所供给的各种劳动和牺牲所支付的价格。

为了简单起见，我们通常只需要考虑生产任何一种商品所需的各种不同原料的供给价格，而不需要再去考虑构成这些供给价格的那些成分。

所谓的生产要素，就是我们把生产某种商品所需的东西划分成的一些种类。任何一定数量的某种商品的生产费用，就是相应数量的这种商品的生产要素的供给价格。而且，这些供给价格的总和，与这种商品一定数量的供给价格是相等的。

代用原则

在典型的现代市场上，批发商买进货物的价格，就是厂商所提供的差不多不包含商业费用的价格。但如果从较为广泛的角度来看，我们认为，某种商品的供给价格其实就是我们所考察的市场上的价格。而我们要根据市场的性质，来分析有多少商业费用包含于这供给价格之中。我们可以将某种劳动力的供给价格分为：培育费用、普通教育费用、专门教育费用。各种费用可结合成无数种可能，而且各种结合又有它自己的分支。在对和它相关的任何一个问题进行彻底解决时，我们需要分别对待这些分支。不过，在本书的一般推论里，我们都可以将这些分支忽略掉。

在对某种商品的生产费用进行计算时，我们要做以下考虑：即使在新发明还没有出现时，商品的生产要素就会随着它的生产量的变动而变动。生产者在生产任何一种商品之前，都会选择最适于他们使用的生产要素，这是由他们各自的知识范围和经营能力决定的。虽然每一种商品的生产要素都不只有一组，但生产者一般会选择供给价格总和为最低的那一组。但如果生产者发现情况并非这样，他总会想尽各种办法，去寻找耗费较低的那种组合。在社会上，总会发生这样的情况：一个企业主通过各种办法，来代替另一个企业主，以提高向社会做出贡献的效率。我们可把它称为代用原则，以便于引证。而在经济学所研究的各个领域内，几乎都可以运用这个原理。

均衡产量与均衡价格

因为某种商品的供给价格与它的实际生产成本之间，并不存在紧密联系。所以，如果一定时期内的生产量使它的需求价格比它的供给价格高，卖主就会将这一数量的全部商品运到市场上出售，因为这是有利可图的。而正在犹豫要不要继续生产该商品的人，会下定决心继续生产。所以，生产量就会趋于增加。

但是如果这一生产量使需求价格比它供给价格低，那么卖主就不会把这一数量的商品全部拿到市场上出售，因为这是要亏本的。而正在犹豫要不要停止生产该商品的人，会下定决心停止生产。所以，生产量就会趋向于减少。

当需求价格与供给价格相等时，生产量会处于均衡状态，既不会增加也不会减少。当需求与供给均衡时，我们可以称这一定时期内的商品生产量为均衡产量，它的售价为均衡价格。

这种均衡是比较稳定的，即使价格稍微背离了它一点，这种均衡也会像一个沿着它的最低点来回摆动的钟摆那样，逐渐恢复过来。

我们将会发现，一切的稳定均衡都具有一个特点：当生产量处于均衡状态时，需求价格比供给价格高出的那些数量，正好是比均衡数量小的那些数量，反过来也是如此。无论向那个方向发生移动，都不会改变这种均衡的稳定性。

事实上，不论需求价格还是供给价格，都是不断变化的，而不是长期不变的。随着它们的每一次变化，均衡产量和均衡价格也会有所变化。这样，生产量和价格就拥有了一个新的可来回摆动的中心点。

我们会发现供求在很大程度上受着时间因素的影响。一种商品的实际生产成本，可用它的生产价格来代表。由于我们所处的时代，是一个快速发展的时代，所以它变化得非常快。在这样的时代下，虽然正常的供求之间是均衡的，但从某种商品的消费中所得的满足，与为生产它而付出的那些总的努力和辛劳之间是不一致的。即使收入和利息都是正常的，它们也不会完全达到一致。对于亚当·斯密及其他经济学家提出的经济原理，正确的理解为：由于各种经济的力量，商品的正常价值，在长期内将趋向于它的生产价值，从而使两种价值达到均衡。但前提条件是，在足够长期的平静的一般生活状态中，这些经济力量才能充分发挥其作用。

与正常价格一样，市场价格同样受到许多因素的影响。而在这些因素中，有些是以道德为基础的，有些是以物质为基础的；有些是相互竞争的关系，有些是和平共处的关系。所以，正常并不代表没有竞争的存在。另外，当我们在对正常价格与市场价格加以区分时，以及在对广义的正常价格和狭义的正常价格加以区分时，应特别注意那些影响的持久性和它们发挥作用所需要的时间。

影响价值的因素

在短期和长期内，影响价值的主要因素分别为效用和生产成本。

在购买一种商品时，人们支付的价格，主要取决于消费者的需要和购买力。而这种商品的供给价格是由它的生产成本决定的。

一般来说，需求对价值的影响是随着时间的增加而减弱的；而生产成本对价值的影响是随着时间的增加而加强的。因为，相比需求的变动对价值的影响，生产成本的变动对价值的影响，更需要经过较长的时间才可表现出来。无论什么时候，那些无常间歇性和短期性的因素对实际价值（即市场价值）的影响，要比持久性因素对它的影响更大一些。而在长时期内，价值完全是受持久性因素支配的。这是因为，这一时期内无常间歇性因素产生的影响，往往会与偶然性因素产生的影响互相抵消。不过，持久性因素不是一成不变的。实际上，即使持久性最强的因素也是容易变动的。因为，整个生产结构是逐渐变动的，在不同时期内，各种商品的相对生产成本也是易于变动的。

如果从雇主的角度看待成本，就需要用货币对它们进行衡量。因为资本家与工人劳动之间是直接关系，而这种关系是通过这一方面来体现的，即资本家需付给工人货币报酬。但是，资本家与工人为劳动而消耗的实际成本之间，只是间接的关系。我们知道，就某些问题而言，人们确实有必要用货币来对自己的劳动进行衡量。但是，如果从社会的角度来看待成本，并且进行以下的研究，即随着经济条件的变化，成本会有怎样的变化，那么我们就要考虑各种劳动的实际成本以及等待报酬的实际成本。假定购买劳动的货币的购买力保持不变，等待的报酬率也大体不变，在这种情况下，我们就可以说，用货币衡量的成本与实际成本是一致的。但是，无论何时，我们都不能随便假定二者是相等的。

对正常价值的剖析

要想剖析正常价值这一复杂问题，我们首先要做的就是静态假设。在它的帮助下我们也许能更好地对价值这一问题进行处理。

在经济学研究中，许多困难形成的一个主要原因是时间因素。因为这些困难的存在，所以具有有限能力的人就只能慢慢进步。人们通常会将复杂的问题分解为几个小部分，每次只研究其中的一部分，对问题进行局部的解决，最后综合起来解决问题就可以了。另外，在分解整个问题时，我们会假定其他条件不变。因为，通常只有在假定其他条件不变的基础上，我们才能对某些趋势进行研究。这样问题就变简单了，对它的处理也就更准确了，但是它与现实也就差得更远了。然而，如果把每个小问题都处理准确了，对包含着它们的大问题的处理就容易多了。如果这些问题能逐步摆脱其条件不变这一假设的限制，那么我们进行的研究就会更准确一些。

时间因素影响着生产成本与产品价值二者之间的关系。在研究这一影响时，我们必须先对上述的那个著名的"静态"假设进行考虑，然后把从中得出的结果与现实世界中的结果相比较。

在静态中，不论是生产和消费，还是分配和交换，它们的一般条件是静止不变的。但是，由于它们是生活方式的一种，因此它们又是不断运动的。我们知道，尽管每个人都是从少变到老的，但是人的平均年龄是可以不变的。在很多时期，因为产品的平均数量与人口的平均数量是相等的，而这些产品又都是由同一阶层用一样的方法生产出来的，又因为市场的需求基本很稳定，所以生产工具足以与之相适应。

其实，我们完全可以这么假设：在静态中，所有企业的规模都是一样的，而且它们的商业往来也是一样的。然而，我们不需要进行这样的假设，因为有下面的假设就可以了。此假设为：虽然企业的发展情况不相同，有些处于进步中，有些处于退步中，但是那些"代表性企业"的规模基本上是一样的。所以，由该企业引领的经济无变化，由其附近工业引领的经济也无变化。不论是内部经济还是外部经济，只要是那些"代表性企业"的经济，它们就是没有变化的。

在静态中，价值取决于生产成本。

其实，所有的结果都主要是由一个原因造成的，而原因与结果之间也没有较多复杂的作用与反作用的存在。而各种成本的要素都取决于自然规律，并且在一定程度上被固定的习惯所掌控。需求不存在反作用，而且由经济所造成的直接或间接结果之间也不存在本质上的差别。总而言之，在假设收获都是相同的情况下，长期正常价值和短期正常价值之间的差别就不存在了。这是因为，对那些"代表性企业"来说，它们具有一样的规模，使用一样的方法，进行着一样的交易，具有一样的市场需求，而且具有一样的支出。另外，这些企业生产的产品的正常价格一直无变化，因为其需求价格表与供给价格表都是永远无变化的。

然而，真实情况并不是那样的。在其他经济力量的作用下，被它们包围着的那种经济力量的作用是逐渐改变的。生产总量的变动、生产方式的变动及生产成本的变动之间，永远都是互相制约的关系，而且它们与需求之间也是互相影响的。虽然这些影响都需要经过一定的时间才能发挥作用，但是任何两种影响一般情况下都不可能并肩前进。所以说，在现实生活中，如果有一种学说认为生产成本、需求及价值之间存在着简单的关系，那么这种学说就一定是不正确的。我们在叙述一个问题的时候，如果把它的外观叙述得很容易懂，那么它造成的危害就很大。如果一个人虽然相信自己的经验和感觉，但从不以为研究价值理论是较易的，那么他很可能就是一个称职的经济学家。

在以上的叙述中，我们所说的静态是人口数量不变的静态。然而，在以下这些地方，它的那些明显的特征基本可以显示出来：这里的人口和财富都处于不断增长中，我们假设它们具有几乎相同的增长率，也不缺少土地，另外生产方法和商业状况基本保持不变，而且这里的人的性格基本保持不变。在此状态中，决定生产与消费的最重要条件，决定交换与分配的最重要条件，虽然它们的数量是不断增长的，但它们的性质都是一样的，而且它们之间还具有一样的一般关系。

这样的话，对静态的限制就没那么严格了，而随着这种限制的放宽，我们就会更加接近现实生活了。那么，对于那些由经济原因相互作用而产生的困难，我们也可以慢慢解决掉。如果生产和消费处于静态，那么它们的一切条件也都变为静态。我们可使用静态的方法，来作一较轻微的假设。有了这种方法的指导，我们的注意力将在某一点上集中。暂时，我们先假设它处于静态中，然后对那些与它有关的并对它有影响的力量进行研究，同时要对使这些力量趋于均衡的任何趋势进行研究。对不能一次解决掉的困难问题，我们只要通过这样的局部研究就可以将其解决掉。

第 3 节
资金的投放与分配

> 聪明的企业家为了使投资最大限度地达到外限或有利边际，
> 他会考虑到自己企业的每一个方面，并将适当的资金投入其中。

自给自足下的投资动机

在对正常价值进行研究时，我们首先应考虑，为获得未来的利益而决定的投资的动机的性质。我们可以先对一个人的行为进行观察研究。这个人依靠自己的生产，来满足自己的需要，他对自己所生产或所需要的东西，从不出售或购买。所以，他既要考虑自己的劳动所要付出的代价，又要考虑从这些劳动中所能得到的满足。这其中，没有丝毫的货币报酬存在。

例如，当一个人为自己的居住而建造房屋时，如果他所用的土地和建筑材料都是从大自然中免费得来的，而他所用的建筑工具也全部是自己制造的。那么在建造房屋时，他一定会根据事先规划好的方案进行劳作，他还会根据实际需要适当增加各种劳作的具体数量。这样，待房屋建好之后，他之前的各种劳动和他的等待，都将得到房屋对他的效用的补偿。

房屋的各个部分，也许有不同的建造方法。当根据各种设计方案来投资房屋的各个部分时，我们需要对每一种投资与其所能得到的利益进行比较，同时还应使各种投资处于它的外限或有利边际之上。有利边际虽然可能有很多，但它们中的每一个与各种设计方案都是一致的。

过去收支的积累与未来收支的折扣

从前文的事例证明中，我们可以发现，某种商品的货币成本的基础，就是为生产它所付出的劳动。然而，在现代企业中，企业家虽然通常都是用货币来支付工人的工资或原材料的费用，但对于这些货币报酬作为劳动价值的尺度是否准确无误，他是从来都不会考虑的。而对于经费，他从来都是慢慢支出的。为了获得相应的补偿，他一般会延长这些支出的收益期待的时间，从而使收益增多。但是，他必须承担一定的风险，因为并不是所有的支出都能获得收益。在这样的情况下，他必须将这些风险可能造成的损失也当作一项支出。根据预计，这项支出所获得的收益须比支出本身大，但是大出的那一部分，不是随着获得的报酬的增加而增加的，而是按复利与等待的时间之间的比例来增加的。同时，他还必须将商业往来消耗的费用也当作一项支出。

为了便于研究，那些加上复利的任何支出（包含企业家自己的报酬）的要素，我们称为累计要素。从被使用到得到收益这一时期内，各种支出要素处于不断累积的状态。如果把这些累积要素加起来，其总额就等于企业的支出总额。对于各种劳动和因它们而实现的满足的结算，我们可选择在任何较为合适的一天进行。但无论我们选择哪天，都必须遵循这一规则：无论是劳动还是满足，只要是开始于那天之前的所有要素，都必须加上这个时期的复利。而只要是开始于那天之后的所有要素，都必须有这个时期从该要素中折成的复利。但是，如果那天是在企业开业之前，对各种要素，我们都必须将它们折成现值。

等待是不能被分别加以计算的，它是成本的一种要素。在任何时期内，不论是货币还是支配满足的收益，都是这一时期内的一部分收入。倘若此时期在结账日之前，那么等待就必须被累积到那一日；但倘若此时期在结账日之后，那么等待就必须被折成那日的现值。但如果等待被存起来用以获得未来的收益，而没有直接用于享受，那么把这种收入当作投资的追加报酬，是绝对不可以的。

我们还需要制定一个资产负债表：向前面看，各种纯收入将被加在一起，在所得的数值中，延期的复利将被减去；向后面看，各种纯支出将被加在一起，在所得的数值中，它累积的复利将被加进去。那么，所折算出的总收入额，一定等于所累积的总支出额，这样的话，企业所获得的报酬刚好够本。应当注意的是，在计算总支出的过程中，企业负责人必须加入自己的劳动价值。

代用原则发生作用的有利边际

自创业开始以后，为了用特定的支出获得较大的收益，或者用较少的支出获得相等的收益，机智的企业家总是企图修改他的投资计划。也就是说，他总是使用代用原则以便提高自己的利润。与此同时，他还会设法将工作效率提高，并尽力将人类对大自然的掌控力增强。

不同的地方有不同的特点，这些特点对当地各类商业的组织方法的影响，采用的方式也各不相同。即使在同一地方的同一商业环境中，两个相同职业的人在追求同一目的时，所运用的方法也不会完全相同。进步之所以会发生，其中的一个主要原因就是差异的存在。而这种差异是随着企业家的能力的增强而增大的。在有些行业中，差异也许只存在于相当小的范围内。在棉纺织业就是如此。而在木业或五金业等行业中，差异存在的范围就很广泛。

不光机会和资金，还有性格和想象，都是影响一个人行动的因素。每个人在分配自己的资金时，为了使投资最大限度地达到外限或有利边际，他会考虑到自己企业的每一个方面，并将适当的资金投入其中。换句话说，为了使最后获得的利益能补偿他所花费的支出，他会谨慎地将自己的资金进行合理地分配。即使在同一行业的各个部门或分部，我们也不能把有利边际当成任何投资线上的一点，而是应当把它当成与所有投资线相切的一条线。

企业经营中资源的分配

通常，人们在某方面过多地使用某种资源或精力，那么这个人所得的报酬就会表现为一种逐渐降低的规律。在古典经济学中，在开发国家的土地上靠增加投资而获得的报酬，也会表现为一种逐渐降低的规律。一般来说，随着支出的增加，边际效用就会呈现出一种递减的原理。而这一原理与替代原理是相似的，甚至在某些运用上几乎是一样的。为了使更多的消费者有能力购买某种商品，生产者就会想办法研制新的代用品，或者尽量降低旧商品的价格。而另外，消费的变动，可有效促进生产的新发展和资金的再分配。尽管在促进物质财富的生产方面，那些有助于提高人类生活质量的消费方法只能起到微弱的作用，但是就生产和消费之间的关系来说，它们是紧密相连的。我们需要考虑的是：消费者的购买额在各种不同类商品之间的分配，是怎样通过生产的资金额在各种不同产业部门之间的分配而表现出来的。

较大的企业会面临一个典型问题。这个问题又是由以下三个小问题构成的：其一，相对来说，在不同的目的中哪个目的更重要一些？其二，相比可用的各种方法，哪种方法能更好地达到这个目的？其三，在以上两个问题的基础上，哪种手段达到的边际效用会更大一些？

要想找到这三个小问题的正确答案，企业家必须从比较大的规模上进行考虑。另外，在找到正确答案之前，他必须在多个方面进行比较和调整。他也必须考虑以下两点：第一，在某一点上，某一特定用途才可产生最大的利益，一旦超过此点，利益将会递减。第二，在对各种用途分配资金时，他不得不尽量使它们具有同样的边际效用。他很清楚，在某一个用途上少投入一点儿资金，就会遭受相应的损失；而在另一个用途上多投入一点儿资金，则会得到相应的利益。所以，他不得不对这种损失和利益加以比较，以权衡自己的最终得失。在这些原则的指导下，他不用担心那些可获得较大报酬的劳作会被限制，也不用担心因投资过多会造成报酬逐渐减少。

所以，凡是足够聪明的企业家，他为了使投资最大限度地达到外限或有利边际，他会考虑到自己企业的每一个方面，并将适当的资金投入其中。通常，迂回之法比直接之法更有效，如果他能找到一些迂回之法，那么他就会运用它们中最好的那一个。

第 4 节
边际成本和价值的关系

> 本节和以下两节主要研究两个问题：产品的边际成本和它的价值之间的关系；边际成本与各生产要素的价值之间的关系。

替代原则的又一例证

本节与以下两节都是在研究时间因素影响的基础上，来对产品价值与成本（包括直接成本和补充成本）之间的关系做进一步的研究。另外，我们还要研究各种产品的派生需求是怎样影响生产要素的价值的。

简单来说，本节和以下两节主要研究以下两方面：产品的边际成本和它的价值之间的关系；边际成本与各生产要素的价值之间的关系。在做这种研究的过程中，我们必须牢记正常条件和长期结果这两个因素的影响。无论哪一种东西，它的市场价值都可以比它的正常生产成本高很多或者低很多。而无论什么时候，某一个生产者的边际成本都可以与正常条件下的边际成本毫无关系。

任何一个问题的任何一个部分都是不能与其余的部分分开而加以解决的。相对而言，世界上不存在这样的东西：它的需求是不会受到其生产原料或工具的需求影响的。因为，大部分商品的需求都不是直接需求，而是从作为它们的原料或工具的那些商品的需求中得来的派生需求。而这种派生需求，大多是由与它们作为某种商品的原料或工具的其他商品的供给所决定的。另外，一种可参与生产其他商品的东西的供给，通常受到它的需求的影响是很大的。然而，这种需求是从其成品的用途中派生出来的。

现在，我们不妨来回想一下替代原则的作用。在当今社会中，几乎一切生产资料都要被企业家利用，因为人们的经济力量都是由他们组织起来的。无论何时何地，这些企业家都在对那些看起来最适于他们使用的生产要素进行鉴别选择。最后，他们会选择自己认为总价最便宜的一组生产要素。但是，如果后来他发现这组生产要素并不是最便宜的，那么他将用更加便宜的那一组来替代。

当然，这一原理在发挥其作用的时候，也并不是不受阻碍的。它可能受到以下的阻碍：人们的行为习惯或社会的法律法规，社会的偏见或公会的规章，企业家缺乏责任心等。然而，这一原理始终都发挥着它的作用，一直影响着当今社会的所有经济活动。

比如，对某些田地劳作来说，更适合使用马力；而对另一些田地劳作来说，却更适合使用蒸汽动力。我们可以假设，现在，无论是马力还是蒸汽动力，都无新的改进。再假设，根据以往的经验，农场主慢慢掌握了替代原理。那么，他就会逐渐扩大蒸汽动力的使用范围，直至多用一点儿蒸汽动力以替代马力无法获得纯利益为止。但是，这里将有一个边际留存，蒸汽动力和马力在该边际上都可同样使用，而且它们各自获得的利益与各自支付的成本是成比例的。

如果现在有两种方法可达到同一种结果，其中一种方法用的是熟练的劳动：另一种方法用的是生疏的劳动。那么，最后被采用的方法肯定是成效比成本高的那一种。在这里，也将留有一个边际。这两种方法在这个边际上都可同样使用，而且每种方法所得的成效与它所付出的成本是成比例的。也就是说，熟练劳动和生疏劳动的报酬比例与它们在那一边际上的成效比例是相等的。

纯产品的定义

纯产品指企业家的总产值的纯净增加利益。每个企业家都会从他自身的才干出发，尽力去弄清楚他使用的各种生产要素的相对成效，以及它们的替代品的相对成效。同时，他还会尽力去估算增加使用任何一种要素可能带来的纯产品的数量。这里所说的"纯"，指减去因为生产要素的增加而间接引起的其他额外花费，然后加上由此而来的其他节约。另外，他还尽力使每一种生产要素的使用都达到这样一个边际，在该边际上，它的纯产品要等于或低于他对它必须支付的价格。纯产品就是产品质量或产品价值的增加利益。除非是在特殊的场合，纯产品是不能和其余的产品分开的。

报酬递减规律的普遍性

任何生产要素的过度使用，都会引起报酬递减这一规律。同样的，随着投入土地中的资本和各种劳动的增加，能得到的报酬便会逐渐降低。

如果某一个生产要素的边际使用了这一概念，就可以说，由于它的使用不断增加，所以引起了报酬递减这一规律。

我们甚至可以说，在企业的任何部门中，任何手段的过度使用，都会引起报酬递减这一规律。在古典经济学上，有一个规律非常著名，那就是报酬递增规律。它主要适用于粮食作物上，却并不适用于任何一种特定的作物上。根据这一规律，农场主往往会在他的土地上种上最适宜的作物，并且会对这些作物的相对需求做出考虑。另外，他会合理分配他的资源，以满足各种不同用途的需要。因为有这一规律的指导，农场主在做这些工作的时候，才表现出了足够的谨慎和聪明。这一规律所指的国家，是所有土地都已被现实的企业家所掌控的那些国家。只要这些企业有正当的理由，他们就可以借助银行贷款来弥补自己资金的不足。由这一规律可知，在这些国家里，随着农业总投资的增加，普通农产品的报酬将逐渐降低。该论点与下述论点虽然有某些相似之处，但在本质上是不同的。这一论点认为：如果某个农场主将他的资源在不同的耕作计划上分配不合理，那么在那些使用过多支出的计划方面，他所能获得的报酬将呈现逐渐降低这一规律。

比如，在某些特定的场合下，最适于耕地的支出额和最适于施肥的支出额是成比例的。就这个问题而言，可能存在着一些分歧并不大的意见。一个无耕种经验的农场主，他也许会把一块地耕很多遍，并且施了过少的急需肥料，这样，就必然引起报酬递减规律。这一结果是由误用资源造成的，它与以下这一规律是没有丝毫关系的。即在一个早期的农业国家里，由使用适宜的资源的一般增加而引起的报酬递减这一规律。

固定资本的收入与流动资本的收入

"利息"与"利润"两词直接适用于流动资本，而根据特定假设只间接适用于生产资本。如果生产者个人的资源采取一般购买力的形式，则他将使他的每一种投资都达到那一边际，在该边际上，他从它中所预计的纯收入不再比他从其他的投资中所能得到的纯收入高。如果他将投资用于原料和劳动上，并且该投资马上在某种可出售的商品上体现出来，那么他的流动资本将由所销售的产品来补充。但是，这种投资又被他推到这样的边际，在该边际上，再增加多少投资都是得不到丝毫利益的。

如果生产者将投资用于土地、牢固的建筑物、耐用的机器上，他最终所得的收入与他的预计收入之间存在着很大的差额，而这取决于他所生产的产品的市场。因为随着新的发明或时兴样式的改变，市场的性质也会随之改变。如此，就他个人的看法而言，他从土地和机器的投资中分别得到的收入是有差别的。造成这种差别的主要原因是：土地比机器的寿命要长很多。然而，从普通的生产来看，这种差别产生的主要原因是：土地有着固定不变的供给，机器却有着随意的供给。对生产者个人来说，这种差别是有一定作用的。这是因为，如果没有巨大的新发明产生，他的机器就不会被当作废物，又因为由这些机器生产出的商品在市场上的需求是稳定的，他在出售这些商品时，给它们定的价格几乎与它们的生产成本相等。但是，他的机器将一直给他带来正常的利润（机器的折旧费除外）。

这么一来，利息率就成了一种连接两项货币额的比率。如果这些资本是自有资本，并且这项货币额或者它所具有的一般购买力是确定的，那么用特定的比例，我们就能将该资本的预计纯收入与该项货币量给表示出来。然而，如果自由资本已投资于某种特定的东西上，那么除了可还原它预计的纯收入的资本外，照样没办法确定它的货币价值。所以说，资本所取决的这些原因，在某种程度上与地租所取决的那些原因是类似的。

现在，我们已接近该部分经济学的中心论点了。这一论点是："那些被视为自有资本、流动资本、新投资的利息的东西，实际上，如果被视为旧投资的一种准租，将会更为准确一些。但是，在流动资本与固定资本之间以及新投资与旧投资之间，都没有严格的界限。因为，随着时间的推移，每一组投资都有可能渐渐转变为另一组投资。即便是地租，我们也不视其为一种单独的东西，而是视其为一种存于一个大类中的主要东西。但它确实有自己独特的特点，而且无论从什么观点来看，这些特点都非常重要。"

租税转嫁问题

有这样一个一般性原理：如果说有一种税收，是附加在为他人生产的商品或者提供的服务的那个东西上，那么，这个税收可能导致生产量减少。这样的做法是将大多数的租税向前转嫁给了消费者，剩余的小部分向后转嫁给了生产者或者出售者。自然，无论什么东西的消费税都会或多或少向后转嫁给生产商品的人。

就长期来说，产品的价格在补偿补充成本和直接成本上，都是一样重要的。正如无法使每日所用的原料和燃料的价格得以补偿一样，某工业如果无法为投入发动机的资本提供很低的利息，将来必然倒闭。如果产品的价格大幅度下跌，致使该工业连原料、燃料、工资等费用都无法支付时，它的生产会被迫停止。

那些被看作地租（或准租）的收入与那些被看作当前投资的利息（或利润）的收入之间，存在着本质上的区别。但这种区别，也仅为程度上的区别。在生物学上，已有证据证明，动物与植物来源于同一事物。但是，我们知道，哺乳动物与树木之间的区别是本质上的区别。然而，从狭义上来说，同属植物的橡树与苹果树之间存有本质的区别，甚至同属蔷薇科植物的苹果和蔷薇之间也存有本质的区别。由此，我们可得到这样一个中心论点：尽管地租不是单独存在的东西，而是存在于一大类中的一种，但是自由资本的利息也会渐渐与旧投资的准租融合到一块儿。

严格来说，纯粹意义上的地租是十分罕见的。因为在物质社会和精神社会里，纯粹这一因素都未曾与其他的因素分开。从任何土地中获得的收入，都或多或少地包含有一些重要的成分。而这些成分，又都产于投入建造房屋、大棚、排水沟等方面的那些劳动中。

经济学家知道，资本这一要素在几乎所有实际使用的土地中都有包含。人们从投入土地的劳动中获得的那部分价值，需要与从其他方面获得的价值分开来论证。在对一般意义的地租进行研究的时候，我们需要把这些论证的结果综合起来。综合论证的方式是由问题本身的性质决定的。有些时候，只将机械上的力合在一起就足够了，另一些时候，我们不得不慎重考虑各种力量之间的相互作用。但是，当问题很重要或者其涉及的范围非常广时，我们就必须重视生物学上所说的增长这一概念。

边际成本和城市土地价值的关系

> 在所有的场合中，土地集约使用的有利边际，都因土地需求的不断增加而发生改变。由于一般供求关系的影响，这些成本与土地价值之间是相互一致的。

位置对城乡土地价值的影响

当我们按农产量来计算来自自然界的收入时，所得结果总不能随着农业中投入的资本和劳动的增加而有相应比例的增加。但如果农业高度集约化的经营是由附近地区非农业人口的增长造成的，那么，农产品的价格都会因人口的密集而上涨。当我们按农产品对生产者的价值计算来自自然界的收入时，这种影响与报酬递减规律的影响是相互对立的，而且该影响一般会更大一些。农户在社会生活中可享受到各种便利，使他能够贵卖贱买，因为他不仅可以找到良好的销售农产品的市场，还可以找到良好的购买生活必需品的市场。

与因工业的普遍进步而产生的外部经济相比，各工业的内部经济几乎不值得一提。在决定企业所能利用的外部经济的程度上，一个企业的位置起着巨大的作用。如果企业附近交通便利，或者附近富有居民变得更多，致使某地基的位置价值有所提高，那么，工业环境的变动就会最大限度地影响到生产成本的改变。

我们假定，对两个同一行业的不同企业来说，除了位置上的差别之外，它们在各个方面具有的便利都是一样的。我们再假定，第一个企业的位置比第二个企业的位置便利。那么，在运费方面，第一个企业支付的就会少一些。而减少的这部分，是因它的位置便利引起的。另外，位置上的其他便利，比如第一个企业非常靠近适于它的劳动市场，同样能转化为货币价值。如果把这两种便利换算成货币价值并相加，我们就能得到第一个企业在位置上的便利所具有的货币价值。如果第二个企业不存在位置价值，它的地基价值就等于农业土地本身的价值，那么，这种价值也就是它的特殊位置价值。

从有利的地基上，我们可获得一种特殊位置的地租。一块建筑用地的总地基的价值，等于在市场上出售的不包括建筑物的土地的价值。简单但不准确地来说，所谓年地基价值，就是价格在当前的利息率下所获得的收入。当然，这种价值确实比地基的特殊价值要高，高出的数额与土地的价值是相等的，而它通常又是可以忽略不计的。

位置价值的例外场合

　　尽管大多数位置价值都是公有价值，但还存在着一些例外的场合。有时候，一个城市或者一个地区的住宅，是在遵循商业原则的条件下设计的，并且是在一个人或一个建筑公司的投资下建成的。引起经济效率增长的一个原因，是居民的稠密聚集。这种效率产生的利益主要归土地占有者所有。不过，投资开发新地区和新城市的人的主要期望是追求商业成功。

　　在很多场合，来自土地的年收入（即超过农业地租的那部分收入），都不应该被视为地租，而应该被视为利润。这对凡是能提供高额地租的土地都是适用的。因为，在这些场合中，存在着极大的风险，同时潜藏着高额的利润。任何一种商品的冒险费必须包含于正常的生产费用中。

　　当一群土地所有者打算联合修筑一条铁路时，他们并不期望从铁路运输中获得的纯收益可以补偿为修筑铁路而花费的成本，但是他们的土地价值会因此提高很多。尽管投资没有直接用在土地上，而是用在了修筑铁路上，但它毕竟使土地得到了改良。所以，土地所有者增加的那部分收入，应被视为是因土地的改良而获得的投资利润。

　　类似的例子还有：土地所有者计划建立主要的排水工程，以及改善农业或城市用地时，所使用的一切费用都是他们自己的，而不管这些费用的来源。再如，一个国家用于建立社会政治组织，普及义务教育，以及开发自然资源等进行的投资。

　　由此可见，在很多场合中，对土地等自然品所做的环境改善，有一部分是因为土地所有者故意投资以提高土地的价值而产生的。就长期而言，我们可以把因此而增加的收入的一部分当作利润，在另一些场合下却不能这样。因为，从自然品中获得的增加的收入，不是由土地所有者的特殊支出造成的。在这些场合下，这种增加了的收入应被视为地租。

而这些场合，在以下这种情况下就会出现。即在某个新开发城市的郊区，一个占有几十亩土地的人，对它们进行开发以用于建筑工程时。在建筑开始前，他会进行如下设计：在哪里修筑马路，在哪里建造相连的房屋，在哪里建造单独的房屋，使用什么样的建筑式样，等等。他或许还规定好了每一种房屋的建筑费，以便使它们既美观又经济。他进行的这一系列创造的集体价值，具有类似公有价值的性质。但是，它大多是由公有价值决定的，并且得自附近城市的繁荣和发达。他预计的那部分价值，不应当被视为私人对公有价值的占有，而应当被视为企业应得的正常报酬。

对这些例外场合，我们必须考虑。同时，我们必须遵循这样一个准则：每块土地上所建造的房屋的数量和性质，一般是在遵守当地建筑法的前提下，按照土地所有者的预计情况得出的最好结果。也就是说，在建造房屋时，存在着一些人为因素，这些因素便是那块地基价值的决定者。土地所有者在调节他的建造经费时，一般会根据各种房屋能提供的收入的估计来进行。

土地出售与土地出租

建筑土地的所有者有时会将自己的土地用于建造房屋，有时会将土地用于出售。通常，他会将土地以固定的地租出租。根据契约，土地租期一般为 99 年。期满之后，土地及其上的房屋应归土地所有者的遗产继承人所有。

某一块土地的资本还原价值，就是它能提供的纯收入的货币值。这里所说的纯收入，实际上就是将收入减去各种意外费用（包括所收的租金在内），然后再加上所有的有利条件的价值。由土地所有权所提供的那种货币等价，虽然并不能用土地的货币收益来表现，但也被算入了它的资本货币价值当中。

折成现价的全部固定租金，似乎与土地当前资本的价值是相等的，但是前者必须是在减去以下两项之后：待租期满时，土地和其上的房屋交还于土地所有者遗产继承人的义务；因租约的限制，土地使用者可能遇到的各种不便。在这样的场合下，如果这块地的年地基价值是固定不变的，那么，它的地租就会比它的年地基价值稍微小一些。但在实际上，地基价值会随着人口等的增长而上涨。所以，地租通常在租期开始时比年地基价值稍微高一些，在地租到期时远远低于年地基价值。

报酬递减规律与建筑土地的关系

在为生活和工作而对土地进行使用的方面，报酬递减规律都是适用的。在农业中，当运用于一亩土地的定量资本和劳动所提供的报酬为最高时，如果再在这块土地上增加一点儿资本和劳动，它所提供的报酬就会减少。在建筑业中也是一样的。在农业中，如果农作物、生产技术和市场的性质发生了变动，在每亩土地中提供最大报酬的资本量也会随之发生变动。在建筑业中也是如此，因为假定这块地的地基无稀有价值，如果建筑物的用途发生了改变，每平方米中可能提供最大报酬的资本量也会随之发生变动。然而，假定这块地的地基具有稀有价值，如果在这个最大报酬点上再增加一些资本，但对扩大地基所需土地的额外资本进行支付，那么，这就是有好处的。在土地价值较高的地方，如果使每平方米土地提供的便利增加两倍，那么，在相同的场合下，所使用的成本就是土地价值低的地方的两倍。

对建筑边际这一名词，我们可以将它应用到这样的便利上。即该便利是从某一特定的地基上取得的，而且仅仅是值得的。但是，如果土地具有的稀有性有所减少，该便利就不能从土地中取得。

各种建筑物对同一土地的竞争

我们假定，各种建筑物对同一土地的争用将使它们各自达到这样的一个边际，在这个边际上，再追加任何一点资金都不会获得更多的利益。如果某个地区对住宅和商业用房的需求越来越大，就值得用较高的价格购买另外的土地，以避免在同一土地上扩建房屋时遇到不便。

比如，由于店铺、客栈、工厂等对里兹这个地方的土地竞争加大，该地土地的价格便有所上涨。这时，某个毛织厂商发现，他的生产成本因地价的上涨而增加了。那么，他很可能将工厂迁往其他的城市或者乡下，以节省生产成本。他曾使用过的土地就会被腾出来供店铺或客栈的建筑使用，以充分发挥这块土地位置（在城市）的有利性。而这位厂商也会获得更多的利益。因为搬迁不仅降低了他的生产成本，还给他带来了其他的利益，两者加在一起，除补偿了他的不利外，还有极大的剩余。在进行计算的过程中，他会在毛织品的生产成本中加入工厂地基的租金，这样做是应当的。

我们要注意一个事实，即在供求的一般关系的影响下，生产会达到这样的一个边际，在这个边际上，生产成本（不包含任何地租）是极高的，为了避免在同一地面上因竞争而引起不便，人们愿意以高价购买另外的土地。由此可见，地基价值主要取决于上述这些原因。所以，我们不应该把地基价值当成支配边际成本的一个因素。

在对土地的需求上，无论是工业还是农业，它们的各个方面都是十分相似的。那些非常适宜种植燕麦的土地，成了能为它提供较高地租的其他农作物所急用的土地，这就造成了燕麦成本的增加。

在所有的场合中，土地集约使用的有利边际，都因土地需求的不断增加而发生改变。在这些边际上，从产生成本中可以看出，土地价值都取决于哪些基本的因素。另外，由于供求一般关系的影响，这些成本与土地价值是相互一致的。

商铺租金与商品价格

厂商对价格高昂的城市土地的需求是很少的，而批发商与零售商对其需求却很大。

在同一个行业中，如果两个工厂在同一时间内生产的产品数量是一样的，我们可以说，它们的生产车间具有差不多的面积。然而，对商店来说，它店铺的大小与它的周转之间无紧密的联系。空间的扩大，确实会给它提供一些方便，也会给它带来更多的额外利润，但不是它们在物质上不可缺少的因素。不过，随着空间的扩大，它可以保存的货物就会越多，它在陈列其样品方面会越方便。在那些受趣味和样式变动影响大的商业交易里，空间的扩大将会带来更大的方便。在这些商业交易里，商人会尽量在较短的时间内购进大量的各种时兴品，特别是那些马上就会时兴起来的商品。在这些商人中，那些地基租金较高者，不得不较快地将快过时的商品出售出去，在必要时，即使亏本他们也是情愿的。如果商店所处的位置，能较大地吸引顾客选购精致的商品，而较小地吸引顾客选购粗糙的商品，商人就会进购那些利润较大、价格很贵的商品，而不在乎它们周转速度较慢这一事实。但是，如果商店所处的位置正好与之相反，那么，为了多促成一些交易，并使他们的资本与店铺的规模相一致，商人就会进购那些价格便宜的商品。

但是，在某些租金很高的店铺里，它们购进的商品价格比较便宜。这是因为，附近的人不够富裕，买不起高价的商品。在这一场合下，尽管资本的每次周转所带来的利润都比较低，但店主也能感到满足。因为他知道，为了避免商品滞销或者卖不出去，他必须以较低的价格出售他的商品。不过，他也不需要储存大量的商品，他的资本具有较高的周转速度，这是由于他的顾客的需求较为简单。所以，他每年照样能获得很大的总纯利润，他也愿意为他的店铺支付很高的租金。相反，在位于伦敦富人聚集的店铺里，商品的价格很昂贵。因为在这一场合下，只有高档的商品才能对顾客产生诱惑力。但这种商品卖得慢，商店的资本周转速度也慢。在伦敦东部，那些出售便宜商品但顾客很多的商店，所支付的租金比任何一个地方都高，但它们所获得的纯利润也是最高的。

然而，在任何一个地区，如果不改善交通状况，就无法招揽更多顾客，这里就会逐渐变得不再适合经营店铺。因为，如果店主招揽不来大量的顾客，他获得的利益就无法补偿他支付的费用。所以，在该地区，如果对店主的需求没有增多，店主的数量将会减少。其余的店主就可以适当提高商品的价格，顾客受到的便利和引诱却没有增大。因此可以说，如果该地区土地价值上涨了，就说明这里的位置变得稀有。假设其他条件不变，该地区零售商品的价格将有所提高。这其实与以下情况是一样的，即如果某个地区农业地租上涨了，就说明这里的土地变得稀有。这样，该地区的边际生产费用就会有所提高，而某一特定作物的价格也会随之提高。

城市地产的混合租金

任何一种建筑物的租金都是一种混合租金。在该租金中，地基租金占一部分，建筑物租金占另一部分。初看起来，说建筑物能同时产生两种租金，好像是不正确的。因为，就某种意义而言，租金其实也是一种收入，这种收入是在补偿了其所用经费之后剩余的收入。但是，从同一经营所产生的同一收入来看，这种收入是不可能产生两种剩余的。然而，如果这种东西是一种混合物，它的每一部分都会产生一种补偿其所用经费之后的剩余收入。而该混合品中的各种租金，不论是在理论上，还是在实践中，都是可以区分开的。

比如，在以水为动力的面粉厂里，租金就是由两种要素组成的，其中一种属于建筑用地；另一种属于水力的使用。我们假定，在任何一个可建造面粉厂的地方，其可用水力是有限的。这样，地基与水力加起来的租金就等于这两种要素之和。而这两种要素，又分别等于以下两种级差利益。即一种是由在该地基上从事劳作而产生的，另一种是借用水力生产的。不论这两种要素是不是在同一个人的手里，也不论它们是在理论上还是实践中，都是可以区分开的。然而，如果这里不适合建造面粉厂，就不是这样了。

如果水力和地基不在同一个人手里，在它们的价值与该地基在其他用途上的价值之间的差额中，地租占有的应该是多少，不是任何一个人说了算的，而需要通过协商来决定。

第 6 节

从报酬递增规律看需求和供给的均衡

> 本节我们要对报酬递增规律发生作用的方式加以研究。同时，我们还要对符合报酬递增规律的商品的供求关系所具有的困难加以考虑。

报酬递增规律发生作用的方式

我们曾提过，随着需求的增加，报酬递增这一规律一般是不会产生的。比如，虽然表形气压计仅仅装有一个小柄，但由于它的突发性时兴，其价格在短时期内是上涨的。由于市场需求的增加，制造这种气压计的工厂就需要以高工资从其他行业中吸引过来一批工人，那么，就短期而言，不论是实际生产成本，还是货币生产成本，都有了相应的增加。

不过，如果这种时兴能持续很长时间，即便无任何新发明产生，这种气压计的生产成本也会慢慢降低。这是因为，具有专业技能的工人会被大批地培养起来，以供生产这种气压计的各种不同工作的需要。因为生产部件互相交换着使用，以及使用专门机器比使用手工劳动更能提高效率，所以这种气压计的年产量会不断增长，如此下去，它们的价格势必下降。

但是，同时，我们还要对需求与供给之间的区别加以注意。我们知道，任何一种商品出售价格的降低，都会在一个方向上给需求造成影响。而商品需求量能增加多少，是由需求弹性的大小决定的。由于价格的降低，商品的用途就会扩大，但这需要的时间是不定的。有可能很长，也有可能很短。然而，除了某些例外的场合外，对所有的商品来说，价格对需求产生的影响具有相同的性质。如果需求弹性在长时期内都表现得很高，那么，在价格刚降低之初，需求就会显示出很高的弹性。所以，一般情况下，我们不需要说时间是长是短，就可以断定某种商品的需求弹性的高低。

商品供求关系的复杂性

但是，在供给方面，就不存在这样简单的准则了。我们知道，随着买主所愿支付价格的提高，商品的供给总会有所增加。就短期而言，尤其是在同一个市场上，就会出现类似于需求弹性的供给弹性。换句话说，由于价格的提高，卖主愿出售的商品量的大小，是由他的商品的积存量的多少和他对其他市场价格估计的高低决定的。这一准则同样适用于具有报酬递减规律和具有报酬递增规律的商品。在某一个工业部门里，如果需用的是大型的生产设备，而这些设备已经被充分地利用起来了，并且无法快速增添新的设备。那么，即使买主对它的产品愿支付的价格有所提高，在长时期内，它的生产量也不会受到多大的影响。但是，对手工产品来说，就是另一种情况了。尽管就长期而言，它的供给受着报酬不变或报酬递减规律的制约，但是如果它的需求增加了，它的供给或许也跟着迅速增加。

从理论上说，由于需求的无限增加，商品的最终供给是无限大的。所以，在理论上，就长期而言，受报酬递增或报酬不变规律制约的商品，应该具有无限大的供给弹性。

此外，我们还应当考虑，由于工业的逐渐发展，某商品的价格不断降低这一规律，与以下这一规律是完全不同的。即因为个别工厂生产规模的日益扩大，该商品的价格不断降低。

据此看来，个别企业的产量受到的支配因素，某行业的所有产量受到的支配因素，两者遵守的规律是完全不同的。而这种区别在我们考虑销售的困难时，会变得更加明显。比如，在生产用于满足特殊趣味的商品的工业里，一般采用的是小规模的生产方式。它们易使其他行业的机器设备和组织方式为自己所用。所以，如果它们的生产规模有所扩大，就一定会使大规模的生产经济产生。然而，在有些工业中，很多企业都会将自己生产的商品固定在某个特定的市场上。即使它们在各自的市场上只占有极小的份额，由于它们生产量的剧烈增长，这些市场的需求价格也一定会下降很多。

当市场不景气时，生产者一般会按以下两种方法去做：第一种方法，在自己的特定市场上，他尽量以最低的价格出售他的商品，只求该价格能补偿补充成本；第二种方法，在其他的市场上，他尽量以较低的价格出售他的商品，但求该价格能补偿主要成本。

与其他商品相比，遵守报酬递增规律的这些商品所用的补充成本比它的直接成本要大。这是因为，在生产这些商品的过程中，需要大量的资本投入生产设备和商业往来。因此，这些商品的任何一个生产者，都特别担心他会破坏自己的特定市场，也很担心他会破坏大家共同的市场。

所以，个别生产者的供给条件，不能被我们看成是支配某个市场的一般供给条件来使用。同时，我们还应知道以下两点：第一，在现实中，只有极少数的企业是具有持久生命力的企业；第二，在很多重要场合，个别生产者和他自己的特定市场的关系，与全部生产者和共同市场的关系是很不相同的。

就像不能把个人的历史当作人类的历史一样，不能把个别工厂的历史当作一个工业的历史。然而，个人历史是人类历史形成的原因，而个别工厂的生产量是一个共同市场的生产总量形成的前提。在这种场合下，我们能从曾提到的那个代表性工厂那里得到帮助。我们假定，这个工厂在任何时候都能分享其所属的工业拥有的内部、外部经济的平均份额。这个工厂的规模大小，虽然一部分是由生产技术和运输费用的变动决定的，但是在其他条件不变的情况下，取决于其所属工业的规模的大小。也许，该工厂的经理在考虑值不值得增设新业务，或者值不值得引进新机器等时，他会将因这些变动所能获得的生产量的一定数量看作一个单位，而且会对它的利益和害处进行仔细衡量。

这就是我们曾说过的那种边际成本。我们不希望它会随着需求的突然增加而马上降低，我们希望由于生产量的增加，暂时的供给价格会提高。但由于需求的增加，代表性工厂的规模会逐渐扩大，它的生产效率会提高，从而它的内部、外部经济会增加。

也就是说，在制作这些工业的长期供给价格表时，我们应将已降低的供给价格，及已增加的相应商品数量写上。为了使比较稳定的相应需求得到满足，这种已增加的数量将得到及时的供应，并且按照比较低的价格。因新的重要发明而可能产生的经济，我们都不予考虑；因运用现有观念取得的经济，却是我们必须计算在内的。那种兴与衰的均衡，是我们期望得到的，但只有相关条件在长时间内一致起作用，这种均衡才有可能实现。

在正常供求的均衡理论的指导下，我们确实能将概念理解得更加具体。在刚开始的时候，这个理论的确与现实比较接近，所以，它有助于日常的强有力的经济发挥作用。然而，当它被推到复杂的逻辑结果那里时，它与现实就彼此隔绝了。实际上，我们与经济发展的主题相离很近。我们要牢记，只有把经济问题看成静态均衡的问题时，我们的表述才是完全的。这是因为，只有在静态的研究中，我们的思想才能得以明确，我们才能把社会视为一个有机体发展的必经之路。

然而，静态均衡理论仅仅是经济学的基础理论。甚至，该理论仅是探讨具有报酬递增趋势的工业的前进与变化的基础。很多在抽象角度探讨该理论的人常常遗漏该理论的界限，并掉入将该理论僵化的陷阱中。

第 7 节

垄断理论

> 垄断者调整供求的目的，不是为了使产品销售价格与其生产成本相抵，而是为了自己能够获得最大限度的纯收入总额。

垄断者重视最大限度的纯收入

由于人们没有把垄断者的地位看得高于其他任何人的地位，因而没有人觉得垄断者获取自己的利益有益于促进社会所有人的福利。可见，垄断产品的供求并不能用最大满足理论来阐释。不过，当我们解释清楚垄断者和其他社会人员的利弊之后，当我们探讨了那些因垄断者寻求个人利益而对社会较为有益的潜在因素之后，我们就能得到很多结论。为此，我们需要将垄断者实行不同策略而对垄断者个人和公众产生的相对利益加以对比。

垄断者调整供求的目的，不是为了使产品销售价格与其生产成本相抵，而是为了自己能够获得最大限度的纯收入总额。

纯收入一词的意义有些模糊。究其原因，在自由竞争的条件下，商品的供给价格包含了正常利润。通常，人们把该利润的全部或将用于生产的资本的利息及风险损失费用从利润中减去之后的差额认为是纯收入。若经营者管理自己开办的公司，该正常利润就会包含他个人的管理收入。若公司带有垄断特性，其间就会产生一些额外收益。一般经营者不会区别对待这一利润与这些额外收益。

若这个企业属于公众企业，现实中就不会有这些麻烦。在这种企业中，一切管理用度会以确凿无疑的数量被统计在账目中。在计算企业纯收入时，我们需要在总收入中减去这些费用。

股东所得的纯收入，包含已投资本的所得利息以及风险的担保费用。不过，管理收入并不属于（或极少属于）他们的纯收入。这样垄断收入就指红利与资本利息及风险担保费之间的差额。

与私人工厂相比，公众企业更便于精准阐释这一纯收入额。我们以垄断某城煤气供给的一个煤气企业为例。为便于研究，我们假设该企业把所有资本都用于固定机器设备中。这样，该企业若想扩大生产规模，它就需要依据一定的利息率发放债券来获取投资所需的资本。

垄断收入表

我们认为煤气需求表在垄断和非垄断条件下是一样的。该表格说明了每立方米的价格，城市消费者会照此表格利用煤气。所有供给数量不同的正常生产费用都应包含在内。这些费用，其一，包含股东的资本及依据固定利率发放债券而获得的资本；其二，包含企业董事长及员工的工资。对他们服务的需求决定这些工资的多少。该工资会因煤气产量的提高而提高。我们可以这样做垄断收入表，首先，分别统计出所有数量的商品的供求价格情形；其次，将一切供给价格都从相应需求价格中扣除；最后，在垄断收入栏目中记下与相应数量的商品对应的差额。

不同垄断税对生产的影响

我们认为，垄断税不变时，以及征收与垄断纯收入成比例的税费时，生产都不会缩减。但若依照产量征收课税，生产就会缩减。

供给状况常产生变动，如增加了某些必需的费用支出，某些以往的费用能够节约，新税种的增加以及获得某种补贴。如果这一费用的增减是某一特定数额时，该行业整体承担这些费用。此时，该费用不会随产量的变化而变化。因此，在任何售价和产品销售产量的条件下，垄断收入都会或增或减。而且，它增减的数额等于这一特定数额。这样，产量变化前后，由售价产生的最高垄断收入是相同的。垄断者也不会因这一变化而调整生产策略。

无论征收税或补贴是否和企业垄断总收入成比例，上述道理都是适合的。当征税同产量成某种比例时，为了降低生产成本，垄断者常缩减产量，进而使售价上涨。征税之前，总收入大于总支出的差额会减少。随着产量的降低，它会增长。若征税之前，其纯收入仅超出少许出售总额产生的纯收入。征税之后，随着产量的缩减，垄断者会获得收益。可见，此时的变化能够引发产量骤降，且价格急剧上涨。若从垄断耗费的代价中扣除某个同垄断生产成比例的总额，则上述情形会产生相反的效用。

垄断者能够保持企业经营上的节约

如果垄断者的生产量过大，对他自己是十分不利的，这样可能会使产品的供给价格与它的需求价格相等，从而导致他丧失全部的垄断收入。因为只有当生产量在一定的数额之内时，才能提供垄断收入。所以，从表面来看，似乎垄断产量总是比竞争产量小，而它的销售价格却总是比竞争价格高。但事实并非如此。

垄断生产的生产总费用往往小于相同的总产量分配于许多较小的生产者来生产。小生产者之间存在着激烈的竞争。为了促销，他们需要花费大量的广告费。这些广告费的总额比一个生产者所花费的广告费大很多。而且，小生产者无法享有大规模生产的种种经济利益。他们不像大生产者那样，拥有足够的资金可以随时改进生产设备和技术。而大生产者知道，任何改进带来的一切利益他都能全部得到。

要想使这个论点成立，我们必须假定这个大生产者善于经营，而且拥有可无限利用的资本。但这个假定不能随便做。如果能做，我们就可以说，垄断产品的供给表表示的供给价格要比非垄断产品供给表低一些。所以，在自由竞争的环境中，产品的均衡产量要比需求价格与垄断价格相等时的产量小。

垄断者降低价格的条件

垄断者在考虑到他的企业的发展或消费者的福利时，可以降低他的价格。

我们做过这样的假定：垄断者在规定他的商品价格时，仅仅是从他能获得的垄断纯收入这方面来考虑的。但实际上，即便他不关心消费者的福利，他也会注意到，任何一种商品的需求主要是由人们对它的消费习惯决定的。当他以略低于能获得最大纯收入的那种价格出售他的商品时，如果他的销售量能够增加，他现在遭受的损失很快会因商品的畅销得到补偿。例如，一个垄断了附近旅客或货物运输的铁路公司在以商业利益为出发点时，他可能会这么认为：如果采取一种比能获得最大纯收入的那种价格低很多的运价来提供运输服务，一定能吸引来大量的顾客。事实上，这种运价确实可以为这个港口吸引来更多的货商、船商、建筑商等，使该地区变得繁荣起来，从而为该铁路公司的长远发展创造有利条件。与一个新工厂用一定的牺牲换取商业往来的建立相比，垄断者以暂时的部分利益的牺牲换取未来生意的发展，两者具有相同的性质，只是程度不同。

这个铁路公司虽然没有替消费者的利益着想，但是当它发现自己的利益与消费者的利益紧密相连时，它就会以眼前的部分利益的牺牲来使消费者的剩余增加，从而更有利于它自身的长远发展。有时候，生产者和消费者之间的利益关系甚至更为紧密。比如，在某一地区，一些土地所有者会联合起来修筑一条铁路支线，他们的目的并不是从修建铁路的投资中获得利润，而是通过这条铁路增加他们的地产价值。

总利益与调和利益

现在，我们要研究垄断者是借助哪些因素来支配自己的行动的。这个研究要建立在这个假定上：即使所能得到的垄断收入没有同等地增加，甚至只有一半或者更少，垄断者也会觉得增加消费者剩余对他来说是值得的。

消费者剩余和垄断收入之和与该商品带给生产者和消费者的纯利益之和是相等的。如果垄断者把消费者的利益和自己的利益看得同等重要，他就会尽量使商品产量达到能使两者的总利益最大的那一产量。

但事实上，价值1镑的消费者剩余和价值1镑的垄断收入是不能给垄断者相同的满足的。即便是视人民的利益与自己的利益同样重要的政府，也必须考虑：如果它将一种有利的收入来源放弃了，它就必须依靠另一些不利来源。因为消费者剩余的损失会对征收产生不利。即使可以调节，它们也从不能达到完全均衡。在以下场合更是这样：在政府的建议下，社会上的各个阶层放弃了它的某些利益，结果却没有获得同等份额的利益。我们假定，垄断者采用折中的办法，将价值1镑的消费者剩余只算作与10先令的垄断收入相等。我们再假定，他把一半的消费者剩余加入全部的垄断收入之中，我们就可以把所得结果称作折中利益。然后，他会尽量规定使这种利益达到最大化。

与垄断者只为了获取个人的最高限度的收入相比，若他有一些提高消费者收益的意念，他卖出的商品数量会增加，而且售价偏低。随着垄断者提高消费者收益意念的增强，他生产的产品产量就越多，产品售价也越低。

统计研究对社会的重要性

本小节我们主要讲需求规律和消费者剩余规律的统计研究对社会的重要性。

私企能取得成功主要是拥有两种能力：权衡计划的利害得失的能力与鉴别计划相对重要性的能力。有些人能发家致富，主要是因为他善于利用自己的天赋和经验使各种因素充分发挥作用。正是由于很多有才干的人不知疲倦地努力，我们的社会生产力才会不断提高。但在权衡得失时，政府着眼的都是生产者的利益，而忽略了消费者的利益。这是因为，很多人仅凭自己的直接经验是获取不到这种必要的材料的，即使少数人获取到了，也十分有限且残缺不全。所以说，对于一个民主的国家来说，它只有把消费者的利益向所有人讲清楚，才有可能保证一个巨大计划的顺利实施。

与有才干的商人从自己的长期经验中得出的论断相比，这种论断没那么可靠。然而，如果这种论断是以公共行为与其利害得失的统计结果为依据的，就会可靠一些。很多时候，正是因为这种统计的缺失，政府的经济政策才没有成功。很多人虽然知道这件事很重要，但因为与自己的利益无多大关系，就不会去努力。

这样才会出现少数只顾自己利益的人不间断地呼吁，而大多数具有相反利益的人却无动于衷的情况。结果，少数人取胜了。但与多数人的总利益相比，这少数人的总利益仅为前者的 10%，甚至更少。

如果人们在提到统计时，能毫不厌烦地进行仔细说明，就能有效避免误解和错误的产生。

一般来说，与其他形式相比，统计形式更容易被人们接受。由于集体利益增长得越来越快，而集体行为在经济上也表现得越来越多，所以我们必须马上行动起来，弄清楚以下几个问题：我们最需要的公共利益的数量尺度是什么，这些尺度需要的统计是什么，我们怎样去获得这些统计？

在今后的发展中，需求表将会因消费者统计而变得越发可靠。消费者剩余的数量也会在图解中被清楚地表明。因为对这些图解的研究，各种企业给社会提供的利益的多少，都会被人们渐渐看清楚。

第6章

国民收入的分配

第 1 节

劳动工资

本章我们将研究现代环境中的劳动供给，然后讨论工人、资本家、地主分配国民收入的依据。本章对这些问题只是大致地讨论，很多细节问题将在其他章节中进行阐释。

竞争与工资

由于竞争的存在，同一职业各周的工资会有不同，并且同种职业的各周工资与工人的效率呈一定的比例。按工人效率计算的工资趋向于与工人效率相等，但按工作时间计算的工资并没有这一特点。

在同一市场中，两种不同的产品可以以同一种名称进入消费领域。事实上，这两种产品的质量不同，它们对购买者的价值也不同。这是我们研究商品的供求影响时经常面临的难题。假如这两种产品的质量一样，而它们在激烈竞争的市场中具有不同的出售条件，人们依旧能够以不同的名义价格售出这两种产品。我们在涉及劳动时遇到的困难，要超出在涉及商品时遇到的困难。因为人们用于支付劳动的真正价格常常具有极大的悬殊。这种悬殊是无法依靠名义价格来说明的。

从长远来看，部门不同而效率相同的人的工资有渐趋相等的趋势。就相同部门每人生产能力的差异来说，我们要从这一部门所需的某些特定因素来计算效率。

由于竞争的存在，相同行业（或者级别相同的不同行业）中工人的工资呈现相等的趋向。但这一论断需要加以严格地限定。由于存在竞争，在特定时间内，效率不同的两个人取得的工资不是渐趋相等，而是趋向于不相等；两个平均效率不同的地方的周工资也没有趋于相等的趋势，而是呈现不相等的趋势。

克里夫·莱斯里认为工资因地区的不同而不同。但劳动阶级具有很大的流动性，我们会发现周工资和效率在地区上的差别大体上是一样的。

我们认为，经济自由和企业核心能够使周边地区级别相同的行业的工资有渐趋于相等的趋势。此时，我们需要使用效率工资来阐释这一论点。换句话说，计件工资指工人依据他生产的产品数量获取的工资；计时工资指工人依据他耗费的生产时间获取的工资；效率工资指工人依据他的效率获取的工资。

因此，经济自由和企业核心——即一般意义上的竞争——有让所有人的工资趋向于每个人的能力的趋势。这种趋势使同一地方的效率工资趋向于相等的趋势。随着劳动流动性的增强、劳动专业化的不太细密，父母会为孩子选择更加有益的职业。

我们是在假定经营者对某项工作支付的工资总额固定不变的前提下，来探讨上述趋势的。在这种假定成立以后，经营者雇用人数的多少并不会对自己产生任何影响。但事实上并非如此。对经营者而言，凭借一定的工资率获得酬劳并在一定时间内生产产品最多的人是最廉价的工人。只要这部分工人没有过度劳累而影响到工作能力，他们也是社会上最廉价的工人。工作效率较高的工人与效率较低的工人耗费的固定资本量是相同的。在他们的固定资本量相同的前提下，如果这部分生产效率较高的工人能够完成较多的工作，这些人的任何一部分工作耗费的固定资本就会比效率较低工人耗费的少。

尽管这两类工人耗费的直接成本相同，但是效率高的工人与效率较低的工人按计时工资取得的工资各自耗费的总成本是不一样的。前者（效率高的工人）耗费的成本要比后者低。

总之，经济自由和企业核心，能够使同一地区的效率工资渐趋相等。因此，对使用较多固定资本的经营者而言，提高效率高的工人的计时工资并相应提高效率的程度，经营者就能获得更大的利益。然而，由于某些社会习俗和原则的限制，这些提高策略是不被采纳的，有时甚至不为公司章程所容。

实际工资与名义工资

现在，我们研究某一行业实际工资的计算问题。首先，在探讨货币收入以外，我们还要探讨其他多种情形；其次，除了产生于繁重工作的麻烦外，可能有其他额外的麻烦。

亚当·斯密认为，实际工资指对工人提供的生活必需品和舒适品的总量；名义工资指工人获得的货币数量。亚当·斯密还说，工人的贫富和他们所得报酬的多少成比例，而不是与劳动价值成比例。亚当·斯密的这一论断有一些纰漏。"对工人提供的"这一短语，不只包括雇主或劳动产品直接提供的生活必需品和舒适品，还包括不需要工人耗费代价的某些利益。

当我们计算某一行业在一定时间或地点内的实际工资时，我们必然要考虑货币购买力的变化。其中，货币还用来表示名义工资。但我们还没有清晰地阐明一般货币理论，所以我们尚且无法彻底澄清这一点。即便我们掌握了历史上所有精细的物价统计数据，我们所做的估算工作也会超出单纯的数学运算工作。这是因为，当我们考察一个相对长久的时间或相对遥远的地区的情况时，我们就会得出，人们的需要以及用来满足这些需要所采用的方式是不同的。即便是在同一时间与同一地点内，不同阶层获得报酬的方法也是不同的。

一个人的实际总收入指这个人获得的总收入扣除他耗费的生产成本。我们常常容易忽视总收入中不属于货币报酬的那些东西。

在计算某个人的总收入时，我们要忽略一些内容。比如，这个人用于学习某个行业的一般教育费和专门教育费以及他在工作中耗费的精力。这些费用需要用其他的方式进行计算。此外，所有用于职业的费用必须从中减去。例如，当我们计算律师的总收入时，律师事务所的房租和所有员工的工资都要减去；当我们计算木匠的总收入时，置办工具的费用必须从中减去。

实物工资制

有些主人规定仆人自己出钱买昂贵的制服。如果主人没有规定必须购买，仆人就不会购买。由于主人强制购买，所以仆人所得工资代表的价值相对于以前就会贬值。但假如这些昂贵的制服、食宿由主人提供，这些东西对仆人的价值，就会低于主人耗费的费用。在估算仆人的实际工资时，某些经济学家会把主人提供给仆人的东西折算成价值，并归入仆人的货币工资中，这是不对的。

反之，假如某个农场主在马车闲置时，用它免费为自己的雇工运送煤，该雇工所得的实际收益的增值就大大超出该农场主耗费的费用。这一道理也适用于种种犒劳和津贴。例如，某些商品由于推销费用比较高，对经营者毫无价值，经营者就会选择这部分商品送给工人（这部分商品对工人来说有价值）。又如，经营者允许自己的工人以批发价购买厂里的产品。不过，一旦这种许可变成了既定的义务，种种问题就会随之而来。再如，过去某些农场主把劣质的谷物以优质谷物的价格强制卖给自己的雇工。这样，该农场主对雇工支付的实际工资远远低于他支付的名义工资。这就是所说的实物工资制。总之，如果古代国家任何一个行业中存在这种所谓的实物工资制，我们就认为其中的实际工资率低于名义工资率。

成败不定与就业的无常

现在，我们讨论成败因素和就业的不定性对某个行业的实际报酬率产生的影响。在研究某一行业时，我们要分别找出成功者和失败者的报酬。然后，我们需要获取两者报酬的真正平均数。

首先，假定某一成功者年平均报酬是 2000 镑，失败者年平均报酬是 400 镑；其次，假定成功者和失败者的人数相同。那么，这两者报酬的真正年平均数就是 1200 镑。然而，假如失败者的人数是成功者人数的 10 倍，那么成功者和失败者所得报酬的年平均数就约为 550 镑。

我们需要考虑成败不定带来的影响。究其原因，生活中有一部分比较现实的人，对自己有清醒的认识，喜欢稳定的工作。这部分人宁愿选择每年只有 400 镑的固定工作，也不愿意选择一种时而 600 镑时而 200 镑的工作。所以，成败的不定性并不能唤起他们的进取心和远大的志向。毕竟，愿意为这种成败不定的工作冒险的人占少数，许多想把工作当作终身职业的人是不会选择这种工作的。某些看似可能成功的工作也有相等的保险价值，但这一工作仍然无法吸引很多人。相反，那种看起来必定成功的工作吸引的人数就会相对多些。

如果某一职业有少量的价格昂贵的奖赏，这一职业的吸引力远远超出这些奖赏的价值。这主要有两方面的原因。其一，青年人往往富有冒险精神，他们对成功的迫切渴望远远大于潜在的失败忧虑。其二，某种职业的社会地位，主要是由人们从该职业所能得到的最高荣誉和地位决定的，以及部分由运气决定。政治上有一句谚语，各个政府部门应该设立少量的特等奖赏。我们知道，封建国家高层的工资往往高于市场报酬率。相反，下层官员的工资则低于市场报酬率。这些下层官员能够安心于低工资，主要是期望有一天能够跻身上层官员的行列中。这种政策对封建国家的达官贵人是有益的。正因为这对达官贵人有益，标榜民主的国家才没有实行这种政策。不过，民主国家也走向了另一个极端，即低层公务员的工资高于市场水平，高层公务员的工资则低于市场水平。无论这种政策有什么益处，它都是对资源的浪费。

现在，我们研究就业的不定性对工资的影响。在某些不经常工作的职业中，人们所得的工资要高于他们完成的工作。例如，医生获得的收入，一定要足够满足他们不工作时的生活所需。我们假定不同职业的其他利益相同，两者具有相同的工作难度，那么泥水匠从工作中获得的报酬要高于木匠所得的报酬；不过木匠所得的报酬又高于铁路工作人员所得的报酬。这是由于铁路几乎全年都在运行，而泥水匠和木匠常常会有因经济不景气而停工中断的可能。我们常常通过取长时间工作报酬的平均数的方法，来估算这种有中断的工作。不过，这种做法也不尽如人意。除非我们假设某个人没有直接或间接从失业带来的休整和安适中获得任何的益处。

在某些时候，这种假设的确成立。这是因为失业之后，人们需要很久的等待才能找到下一份工作。这种等待产生的焦虑感，或许会超过工作给人们带来的压力。不过，这种情况并不多见。通常，人们在从事实业的过程中形成的正常中断都不会让人们过于焦虑。因为，人们可以从中获得休整和积聚力量的机会。比如，一名律师在一年中总会有几个月非常忙碌。就这种忙碌的本身来说，它的确不是好事。但律师一年之中总会有一段时间不用参加审判的日子。因此，尽管律师在这些日子得不到报酬，但可以好好地休整和积聚力量。

补充所得与家庭所得

我们需要探讨一个人的生存环境对他的报酬所具有的补充益处。也就是说，某个人除从主要职业中获得收入之外，还从其他工作中获得收入。当然，我们还必须估算这一环境能够为这个人的家庭成员提供的工作机会。

不少经济学家曾认为应该把这种家庭报酬作为报酬单位。在过去的农业和家庭手工业中，整个家庭都在一起工作，这就必须适当扣除因妻子忽视家务活而产生的损失。但是，这种手工业在现代英国极为少见。在现代英国，某个人的职业，大多只能使自己的儿子跟随学习，并不会对家中其他人产生多少直接影响。但假如这个人有固定不变的工作地方，他的家人就会很方便地加入他的工作中。然而，就业量的多少取决于周边资源的多少。

行业吸引力的决定因素

某个行业对人们的吸引力不只由货币收入决定，还受该行业的纯利益、个人和国民性格产生的影响以及最低工人阶层的具体情形等因素的支配。

某个行业具有的吸引力，不只由该行业工作的难度和压力以及该工作产生的货币报酬决定，还受其他很多因素影响。"报酬"一词，有时被看作劳动纯利益的代名词。但这种说法，仅限于在某一行业的报酬被称为劳动的供给价格时。我们必须考虑到生活中的不少现实。例如，某一行业的卫生条件比其他行业好，这种工作环境就有助于人的身心健康。

每个人考虑利益的方法是有差别的。很多人喜爱乡村的环境，他们宁愿在乡村得到很少的报酬，也不想去城市中获取很高的报酬；另一些人却不在乎居住环境，只追求某些生活奢侈品。他们会为了生活奢侈品而放弃生活舒适性。

由于个人习性的存在，我们很难确定每个人的行为。不过，我们可以按照货币价值的平均数计算出种种利益和不利的平均数来解决这一问题。其中，货币价值指参加该行业或将来使他们的儿女参加该行业的人们所产生的货币价值。某一行业的某时某地的劳动供给会受到某些力量的影响而形成增加或减少的趋势。我们可以用得出的平均数来估算各种力量的影响程度。毫无疑问，该行业某时某地的这种估算，是不能运用到其他时间其他地点上的，否则就会导致弊端。

当我们研究民族气质的不同对行业的影响时，我们会发现一些有趣的事情。例如，不同国家的人来到美国对行业的选择是不一样的。爱尔兰人喜欢在东部各州建设农场；瑞典人和挪威人则偏向在西北部务农；德国人愿意选择家具和酿酒业；意大利人多从事铁路和建筑行业。各个民族习性与气质的不同，导致了他们对所有行业的利益和不利的认识存在差异。

假如某项工作是下层工人能够从事的工作，无论工人是否愿意从事该工作都不会对工资的上涨产生任何影响。这是因为，事实证明有些人只适合做这种低级的工作。随着时代的进步，适合低级工人的工作越来越少。当他们急需用钱时，他们就会抢夺这本来就极少的机会。这时，他们不会在意这种工作是否愉快。甚至他们也不在意某一工作肮脏与否。

某一行业的环境越是肮脏，该行业报酬就越低。究其原因，在雇主看来，在工作环境肮脏的条件下，如果雇用熟练工人和使用优质机器，他就要支付高工资。通常，不熟练的工人对其他任何雇主都没有很大价值。而且，他们可以接受很低的工资。所以，雇主就愿意雇用不熟练工人。社会存在的一个亟待解决的问题就是：怎样通过减少这部分工人的数量，进而提高整个社会的工资水平。

劳动供给和需求的特点的重要性

劳动的供给和需求具有的许多特点是非常重要的，这一重要性多取决于积累性结果。这些特点的重要性有三。其一，对供求力量起作用的形式产生某种影响；其二，对供给和需求的本质产生影响；其三，对控制供求自由产生影响。从长远来看，积累性结果的重要性，远远超过非积累性结果的重要性。这些特点最初以及最显著的结果是无法衡量它们产生的影响的。

上述问题和习惯的经济影响问题有相似的地方。严格地讲，由习惯产生的直接结果并不十分紧要。究其原因，通常该产品在价格上的背离并没有趋向于扩大和延迟。假如这种背离的程度加深，其余的种种抵消因素就会产生影响。甚至，有时习惯会被这些抵消因素彻底击败。

对产生弊端的习惯，人们会采用潜移默化地变更商品性质的方式。人们按原名原价买的其实是一种新产品。尽管这种直接结果非常显著，却不是累积性的直接效果。习惯也能间接地对生产方法和生产者个性的自由发展产生限制作用。尽管这种间接效果不显著，但却是累积性的，进而支配并控制着世界史的发展。若某一代的发展受到习惯的阻碍，下一代的起点必定低于不受阻碍的人的起点。这种阻碍会停滞在每一代，且代代延续。

这个道理也适用于供求对工资的作用。任何时候，若任何个人或阶级受到供求作用的极大压力，由此产生的弊端是非常显著的。不过，工人由此产生的困顿情形却不同。其中有些困顿，与那些导致工人个性变弱的困顿相比，并不重要，进而也会和弊端一起消退。只是后一种困顿会产生反作用，会导致更严重的贫困。并且，这种祸端会代代相续。因此，工资上涨，工人个性就会增强，力量也会壮大。这种情形会产生更大的力量和更高的工资，并且是代代相续的。

父母从上一代的立场为子女择业

父母为子女择业到从中获取足够的报酬的这一过程，至少会耗费一代人的时间。在这个过程中，这个行业会发生某些本质上的改变。人们可以预见其中的某些改变，却无法预见另一些变化。

英国的工人阶级，都十分注重为自己和子女选择最佳的职业。他们会就各种行业的工资以及利弊询问居住在其他地方的亲朋好友。但我们很难确定他们给子女选择某种职业的原因。很多人会认为，从目前各行各业的情形足以预见未来的情形。这一观点能够产生深远的影响，即某一行业的劳动供给，在任何时候都趋向于遵循上一代而不是当代的报酬。

若某一行业的工资连续几年高于同级别的其他行业，父母就会认定该行业的工资将来也会一直增加。事实上，这种上涨常常只是由于一些特殊原因。随后，即便从事该行业的人数没有增加，工资上涨到一定程度之后，大多会降低。一旦从事该行业的人数大量增加，很多年之内，该行业的工资都会比其正常水平低。

尽管某些行业只有从事该行业的人的儿子可以进入，但其中许多员工是其他行业的同一级别的工人的儿子。所以，我们始终以全部级别为单位，来探讨劳动供给随着承担培训费用人的资金的转移而转移。假如劳动供给受到用来支付它的生产成本的资金的阻碍，所有级别的劳动供给，都取决于上一代而不是当代该级别的劳动工资。

很多因素共同决定了社会上所有级别工人的生育率。在所有因素中，人们对将来的谨慎估计只占据次要地位。尽管现代英国并不重视传统，但习惯和舆论仍然在社会中产生着深远的影响。

成年劳工的转移

随着人们对一般能力需求的增加，成年劳工的转移就显得尤为重要。我们要重视使这一转移得以进行的诸多因素。从某级到其他级极少发生大量的转移，许多低级工人会从新国家的开辟中转移到高一级别的工人中。尽管他们具有这种能力，但这种现象极为少见。

由于成年劳动转移多见且速度迅捷，所以劳动供给随着劳动需求的转移而转移的时间得到了极大的缩减。与某工业对专门技能和熟练工人的需求相比，行业转移能力逐渐重要起来。经济的发展产生了两方面的影响：其一，纷繁的工业方式日益增加了估算下一代对各种劳动需求的困难；其二，逐渐进步的经济不断增强了人们更正供求调节中缺陷的力量。

长期正常价值和短期正常价值

人们从某产品的生产工具中获得的收入，在长时间内对该工具以及该商品的供给和价格都有决定性的作用。但在短期内，这种作用没有产生影响。这个原理适用于物质生产工具。假如这一原理只适用于人类本身，也就是他们同时是生产的目的和手段，且属于自己拥有，我们就需要探讨其中需要更正之处。

工人增多和耗损的速度极为缓慢，因此，我们要在非常严格的范畴内研究"长期"一词的内涵。当"长期"一词被用于研究劳动的一般需求和供给的关系（而非普通商品的一般需求和供给的关系）时，该词就指较为长久的时间。时间的长久可以产生多方面的影响。首先，使普通商品的供给适应于人们对它们的需求；其次，使这一时期内普通商品的平均价格被看成"正常"价格以及相等于它们的广义上的正常生产费用。不过，这种长久并不能使劳动的供求相适应。所以，这一时期内的平均劳动报酬取决于劳动供给的数量和人们对劳动的需求。因此，这一报酬绝对不等于工人的正常报酬。

商品市场价格的波动，取决于市场需求与市场上商品供给数量之间的关系。市场价格高于其正常水平，对不同的人产生不同影响。能够抓住时机向市场提供新商品的人会获得很高的额外收入；而靠劳动为生的手工业者，会得到由价格增加而带来的那部分报酬。

在现代工业中，资本家首先承担了生产风险和商品价格的涨落而产生的利弊影响。用于生产商品的直接开销，指商品的货币成本以上的纯收入。这一直接开销是人们从投入的多种形式的企业资本（包括经营者的才能在内）中取得的收入。商业发展较好时，许多经营者为了获取更高的利润而不断扩大企业生产。此时，经营者之间就会为了雇工而形成激烈的竞争。为了得到工人的劳动，经营者宁愿支付高工资。即便经营者达成某种毫不妥协的协议，暂时不愿意支付高工资，受雇工的长期联合所迫，他们也会同意支付工人高工资。否则，经济繁荣的利益将不存在。因此，只要经济持续繁荣，工人就可得到利益中的很大一部分，其工资也会始终在正常水平之上。

人们从当前消费的商品的改良中获得收益的一部分才属于纯

收入。当我们估算纯收入时，与改良品资本价值相等的消耗额需要从收益中减去。因此，若估算机器的纯收入，生产中机器的耗损及其成本也要从收益中减去。矿工和机器都具有损耗性，当我们估算矿工的熟练劳动所获得的报酬时，就要从其工资中减去这种折损。

机器的使用成本以及折损被减去之后，机器所有者不会因为机器长时间工作而受到某种损失。但长时间的工作会给矿工带来很多不利影响。

总之，我们认为，任何商品的市场价格（即短期价格），取决于人们对该商品的需求和该商品当前存储量之间的关系。各种生产要素，无论是人或者物质要素，人们对这些要素的需求都是由人们对这些要素用来生产的商品的需求衍生出来的。

在短期内，当商品的出售价格没有发生变化时，工资也不会变动。就是说，工资随着商品出售价格的变化而变化。

不过，当人们受他们从任何生产要素（包括人和物质要素）中获得的收入以及将要从这些要素中获得的收入的影响时，人们的某些行为就能够支配这些要素的将来的供给。所有要素的供给，就会逐渐趋向于与人们对它们的需求达到相适应的一种正常均衡趋势。这一趋势即提供要素的人所获得的收入，能够抵偿工人的劳动和耗损。在某国的经济状况长期持续不变的情形下，这种趋势就会促使供求逐渐达到平衡状态。这一趋势会使机器和人都得到大致上与培训费用相等的数量（生活必需品和习惯上的必需品也包括在内）。然而，假若经济状况未改变，某些非经济因素也能使习惯上的必需品发生变化。同时，受这一变化影响，劳动供给会随之受影响，国民收入会缩减，进而影响国民收入的分配。事实上，国家的经济状况一直处于不停的变化之中，所以，劳动供求的调节点也在不停地变动。

稀有天赋的报酬的归属

稀有天赋产生的报酬并不属于人们为提高效率而把人的劳动投入生产要素中所产生的报酬。我们需要研究这一报酬的归属问题。我们姑且认为，这一报酬等于生产者的剩余。当我们仅仅研究个人收入的组成内容时，我们的这种论点是成立的。

当我们研究某一行业的所有人，并且没有减去失败者的较低收入时，成功者的特殊高收入就不能被看成地租。这是由于，当其余因素不变时，每个行业期望的收入决定了这个行业的劳动供给。人们很难预想自己所从事行业的将来。有的人最初并不抱很大的希望，或许运气好，或他从事的行业前景好，总之最后取得了成功。相反，有的人最初抱有很大的期望，最终却毫无所获。成功和失败要结合对待。每个成年人寻找工作或他的父母给他择业时，他们都会考察成功者获得的丰厚收入。这一收入，属于该行业真正的劳动正常价格，也属于用于支付长期内找寻工作的劳动和才能的供给价格的一部分。

若某阶层的人拥有某种天分，但只适合于某一既定的职业。这样，这种人就必定从事那种既定的职业。在我们研究人的成功和失败的机遇时，我们要把这些人的收入从额外收入中扣除。但实际上，一个人只有在择业后才能知道自己的才智和兴趣所在。

这些才智和兴趣在很大程度上决定了他能否在职业上取得成功。人们从稀有天赋中获得的额外报酬，更多地可以被看作开荒者幸运地从优质土地中获得的生产者剩余。

有关人们从若干生产部门可供使用的工具获得报酬的道理，也可应用于人们从稀有天赋中获得的报酬。比如，把用于生产某种产品的机器，用于生产其他产品。那么前一种产品的供给价格上升幅度，并不会受后一种用途中所得报酬的影响。假如人们将生产某种产品的才智或天赋，用来生产其他的产品，随着前一种产品源头的缩减，其供给价格就会有所上升。

资本的利息

经济研究中说的利息指资本的报酬，即纯利息。普通人说的利息指毛利息，它除了包括纯利息外，还包括实际的和个人的风险保险费与管理的报酬等附加因素。

利息理论

供求关系，无论是资本或劳动，我们都不应从其本身来考察。这是由于，分配和交换所有决定性的因素都是相互制衡的。现在论述现代理论中关于资本和利息的内容与前人论述的联系。

近年来，随着新国家的开辟以及发明的增加，资本使用的途径得到了极大开拓。资本使用的需求量大大超过了财富累积的供给量。这一使用是创造财富的源泉，人们可以借出资本获取收入。大部分人偏爱现在的满足，而不喜欢将来的满足。这一事实严格限制了财富积累的速度以及利率的居高不下。人们不愿意为将来的利益而"等待"。经济学的目的，就资本来说，是为了揭示生产、财富积累和收入分配中产生作用的各种力量的秩序及其相互关系。资本与其他生产要素之间是相互制衡的关系。

经济学还应研究人们选择目前满足和将来满足的决定性因素。通过研究财富积累产生的利益来完成研究希冀的目的。这些利益包含的因素是多种多样的，如广义上的划归于资本使用的利息、纯利息（即真正利息），划归管理才能和企业范畴的报酬等方面。

科学的资本理论，在生产、财富积累与收入分配三方面有了长足的进步。亚当·斯密以来的经济学家，没有哪个著名大家彻底忽视其中的某一个方面。只要是企业家掌握的道理，财政高手李嘉图也同样予以侧重。不过，任何理论都在不断向前发展。任何人对其中某些方面做了相应的改善工作，进而使人们掌握了该理论的大致框架；或者通过阐释其中所有部分之间相互关系而完善自己的研究。新的知识始终在增加之中。

历史本身会有些重复。社会文明的不断进步，使消费者借贷逐渐下降到借贷中的次要地位，而企业资本借贷却日渐增多。因此，尽管借款者不属于被压榨的人，但仍有一些麻烦存在。任何一个经营者都会将自己所用的资本利息看成一部分生产费用。为了维持生产与经营，他们必须用生产的商品价格作为这些生产费用的补偿。加上现代工业体系增加了人们通过投资而实现搜罗财富的机会，因此很多人认为：现代社会中利息的产生，对工人阶级形成了间接损害。他们还认为，偿还利息剥夺了工人阶级从学习知识中获得的报酬。因而，出于公共福利与公平道义的考虑，个人除了占有生活资料以外，不能占有其他任何生产资料或公益事业。

上述论点曾受到我们通常所说的某些论述的认可。不过，现在我们只研究威廉·汤姆逊、洛贝尔图斯以及马克思等人为支持此论点而做的阐述。他们说，劳动始终可以产生除了工资以及用于帮助劳动的资本损耗之外的某种剩余。而工人受到的损害，就是被资本家剥夺了这些剩余。不过，他们在假设全部剩余是劳动产品之时，就早已假设了他们最终要证明的论述。这种假设本身就有缺陷。事实上，纱厂中生产的纱，在扣除机器的损失之后，并不全是工人的劳动产品。纱是由工人劳动、经营者管理的劳动与使用资本的劳动共同形成的劳动产品。由于资本本身就来源于劳动和等待，我们可以说所有劳动和等待产生的产品就是纱。事实上，利息或等待的报酬作为结果早已隐藏在前提之中。假如我们只认为纱是劳动产品，而否认它是劳动和等待的产品，我们就否认了这一结果的存在。尽管洛贝尔图斯与马克思说，李嘉图的价值理论内涵是自己的论述前提，但实际上他们并没有遵守这一前提。

总之，满足感的推延，一方面使推延者受到损失，另一方面使劳动者额外付出的劳动也受到损失。假如这一推延能够使人采用开始高成本的生产方式提高幸福总数，那么某种产品的价值就不能单纯地根据耗费在该产品中的劳动来估算。做出这一论述前，要进行某种假定。如资本作为一种在提供服务时不用付出代价的免费品，并不需要人们对它支付利息。而且，他们所说的前提也是为了论证这一论点。洛贝尔图斯与马克思极为关注贫苦者的生活，这让我们非常敬佩。不过，他们所说的科学理论，其实只是环环相扣的论证理论。他们认为经济中根本没有利息论存在。然而，我们认为这一论述早就隐藏在他们的前提中。尽管马克思说自己的理论是建立在黑格尔的理论之上的，其实这只是他用来吸引大众的方式而已。

借款人支付的总利息

我们说的利息指资本的报酬，即纯利息。普通人说的利息指毛利息，它除了包括纯利息外，还包括实际的和个人的风险保险费与管理的报酬等附加因素。这种利息不像纯利息那样有某种相等的趋势。

这些附加因素，在商业抵押和信用体系都处在较为低等的萌芽状态时会非常有用。多数人不会将风险保险费计算在利息之内。为了最大限度降低放款风险，放款者需要面对很多问题。这样一来，借款者就需要支付额外的报酬。这部分报酬，对借款者来说是支付的利息，对放款者来说则是处理各种问题所得的报酬。

企业风险是他们都会面临的风险。企业风险的决定因素，有原料以及成品市场的波动，原料及成品样式的改动，新发明，周边出现新的竞争对手等诸多方面。由借贷者个人承担风险费用的这种风险是个人风险。在放贷者把资本借给他人以供他人使用的同时，借贷者必定要支付较高的利息。这是因为，放贷者为了避免由于借贷者本身品行或个人才智的欠缺而产生某种突发状况，必定会收取借贷者利息。

人们认为借贷者的才能、精力与诚信等很重要，事实并非如此。因为一旦经营有任何弊端，他（无法正确对待失败）就会马上终止经营。假如他的品行不好，他就不会敏感于自己所受的损害。一旦终止经营，他就会损失全部。若他接着经营，他就能得到所有利益，而其中额外损失的每部分都将由债权人承担。现实中，有些债务人的懒惰行为（一部分为欺瞒意图）常使债权人受到严重损失。有些债务人是故意欺瞒债权人，而使其受到损失。债务人会运用种种奸猾的办法掩藏债权人的某些产业，一旦债权人宣布破产，债务人就在不引起他人怀疑的前提下，依靠这部分产业与资本创立新的企业。

因为借出的资本常常会有某些风险，而且这需要某种管理。因此放贷人为了降低风险以及获得管理报酬，就会向借贷者收取某些利息（对放贷者来说是利润）。如果这种风险和管理的性质随着竞争的参与而发生某种变化，毛利息——因使用货币而支付的利息——就会随之变化。因此，竞争并不能使毛利息有日渐相等的趋势。假如借贷者和放贷者非常熟知借贷情形，有些人就极有可能以低利率借出贷款。

在货币市场体系完备的条件下，资本会从多余之处流入缺乏之处，或从某一缩减规模的企业部门流入该企业扩大规模的部门。在某一西方国家中，假如两种投资的借贷资本有差别，资本就会通过间接的渠道，从一种投资转移到另一种投资。

若这种投资规模较小，也没有多少人熟悉这种投资，则资本在不同投资之间的流动就会比较缓慢。由于西方各国交通便捷，加上各国大资本家占有大量有价证券，因此，西方各国的平均利率的差别在缩小。

在货币市场中，可供使用的资本供给量有时会极大地超过其他时候。银行家以及其他信用组织有时会甘愿于很低的利率。假如证券不存在风险或银行家等亟须用款时，随时能收回贷款。即便借贷者没有最优证券，银行家以及其他信用组织也愿意以很低的利率，在短期内借出贷款。这样若借贷者人品不佳，放贷者可在很少的损失风险下，马上终止贷款。他们从借贷者收取的利息差不多全是用于风险的担保费和管理费用，而且他们从这种依靠零风险证券贷出的短期款项中获取的只是一种名义价格。事实上，这种贷款使借贷者跌进严重的风险旋涡中。若一次意外情况使借贷者丧失了个人信用，或货币市场秩序紊乱，他就要面临难堪的处境。因此他常常宁可支付更高的利率，以便于降低这种风险。

利息用于旧投资时须慎重

资金用于生产中的投资主要包括两方面：其一，相对较少的一部分用于旧有资本品的投资；其二，大多数用于抵偿耗费资本的投资。造成耗费的因素有，即时的耗费（如食物、燃料等）、折损（如铁轨）、时间（茅屋和商业样本的老化）以及这些因素的综合作用。后者的年流量，不会低于1/4的资本总量。所以，我们可以假定资本持有者有能力使资本的形式适应于当时的一般情形，进而从各种投资中获得同等纯收入。

在这种假定条件下，资本才是在各种资本形式的纯利息期望相同的情形下的逐渐累积。当"利率"一词用于旧有资本的投资品时，该词的意义会受到很大的约束。一旦资本用于改善田地、修筑住房、投入铁路和机器等，资本价值就等于预期的将来纯收入变换成现值之和。随着该资本在将来能够形成报酬的能力的降低，资本的价值也会缩减。它的新价值，可从较低的报酬中扣除折旧，再还原成资本便可得到。

货币购买力的变动和利息率的变动的关系

我们一直假设用于估算所有价值的货币购买力固定不变。其实，在短期贷款市场中，贷款情形会随着货币购买力的变化而发生显著变化。

借贷者根据使用资本预期的收入为限，支付放贷者利率。这些都要假定在借款与还款时的货币购买力固定不变的情形下才可进行衡量。

随着货币购买力的变化，实际利率会随之发生变化。商业是否繁荣的决定性因素与这一论点是紧密相连的。这是由于物价不断上涨时，人们就会竞相借用货币，并且囤积居奇，进而使物价水平居高不下，并持续走高。

当企业扩大生产时，其中难免会有因为经营管理不利而产生的遗漏和挥霍浪费。这样，使用贷款的企业经营者就会损害社会公共利益而满足自己的私利，即他所偿还的实际价值会低于他所借的价值。信用体系紊乱以及物价降低时，人们为了保住逐渐增值的货币，纷纷出售商品，进而使物价大幅度降低。物价降低又会使信用体系更加混乱。所以，以往物价的降低导致了长时间内物价的持续走低。

贵金属供给量的变化，只能在很少的范围内决定物价变化。

当人们用金银复本位制代替金本位制时，物价并不会缩小变化幅度。由于物价浮动造成的弊端极其严重，人们应该不惜一切代价去缩减这些弊端。由于人对自然的控制力的增强，货币购买力也会发生变化。

通常，货币购买力会随着人对自然控制力的增强而变化。现在假定货币购买力未发生变化，工人的货币工资就会受到严重损害。

第 3 节

资本与经营能力的利润

> 本节主要讲资本与经营能力的利润。内容涉及企业家之间的生存竞争、替代原则对管理报酬的影响、利润率的一般趋势、资本的正常年利润率、价格浮动对利润和其他报酬的影响等内容。

企业家之间的生存竞争

决定资本经营能力的供给主要有三方面内容，即资本供给、运用资本的经营能力的供给以及特定的组织。借助于组织，经营者可将其余两个方面综合起来，进而投入生产。我们还需要深入探讨企业主和经理为社会所作服务的性质以及他们获得的收入。通过讨论，我们会明白这些收入与其他收入的决定性因素有某些相似之处。

最适合在某一生存斗争条件下发展的组织方式会盛行一时。只有当这些组织方式产生的收入适应于它们直接或间接提供的利益时，这种最适合的组织方式才可能是最适合于这一环境的组织方式。替代原则只是适者生存这一铁律的极为有限的运用而已。当一种方式能够按低价格提供直接服务时，在替代原则的作用下，某工业组织方式就会有被这种方式取代的趋势。与这一直接服务相比，这两种方式能够提供的间接服务就不重要了。因此，很多有较好开始的企业，在长时间内就可对社会产生利益。但很多企业可能遭遇破产，特别是合作形式的企业表现得尤为明显。

雇用者等企业家可以分为两种，一种企业家改良企业；另一种企业家固守成规。第二类人能够为社会做出直接服务，且获得稳定的收入，第一类却不是这样。

尽管企业家的某些发明，在长时间内对世界产生了不可估量的贡献，但这些企业家并未从中得到很多的收入。有时他们得到的收入，还可能低于弥尔顿从《失乐园》中得到的收入。很多人并非靠对社会的巨大贡献而是由于机缘巧合，搜罗了巨额财富。有些企业家，他们生前从所做的发明中得到的收入与这些发明对社会的贡献并不对等。但是，他们死后成了百万富翁。尽管企业家对社会提供的直接服务与他的收入趋向于成某种比例，我们也不能认为现代社会工业体系已经达到日臻成熟的境地。同时，我们要明白，现在的任务是研究现有社会制度中企业管理决定性因素能产生的作用。

为此，我们需要探讨一般工人、监管工以及所有级别的雇主从他们对社会的服务中获取的收入。调查之后，我们得知替代原则无时无刻不在发挥作用。

替代原则对管理报酬的影响

本节我们将从三个方面来阐释替代原则对管理报酬的影响。其一，监工和普通工人的各自劳动；其二，企业经理和监工的各自劳动；其三，大型企业经理和小型企业经理的各自劳动。

小企业经理的大多数劳动是由某一部门主任、经理或监工负责的。其中，监工的报酬较为简易，我们将举例阐明监工的报酬。

假定某铁路承办商认为，每个监工可获得2倍的工人工资，每20个工人适合派一名监工。在该厂已拥有500个工人和24个监工的条件下，假若该厂商想用同样的开销做完比以往多一些的工作，该厂商会偏向于多雇一个监工，而不是多雇两个普通工人。若该厂已有490个工人和25个监工，该厂商就会偏向于多雇2个工人。假若监工的工资是工人工资的1.5倍，厂商就会为每15个工人配备1名监工。然而实际上，1:20的比例决定了该厂所需监工的数量，且监工的需求价格是工人工资的2倍。

有时，监工会依靠奴役工人超额完成工作的方式来获得报酬。现在，我们假设监工通过正当途径来妥善安排工人的工作，进而实现他的工作目标。

这样，工作中出现纰漏和重新做工的意外就会很少发生；一旦有人需要帮助，他也能很快得到帮助；所有的机器设备都处于最佳状态，随时备用；没人会由于误用了劳动工具而导致精力和时间的无故耗费。这样，监工的工资，就能够被看成是绝大多数的管理所得的收入。社会经由雇主的中介作用，进而对监工的服务能力提出了某些有效用的需求，并控制在一定边际上。在这一边际与增雇监工相比，增雇工人更能提高工业总效率。此时，增雇监工还会增加生产费用，即增加的监工的工资。

经过雇主这一中间桥梁，竞争能够优化配置各种生产要素，能够使生产要素用最低的货币成本获取最多的按货币估算的直接服务。

现在，我们研究监工和经理的劳务是如何同企业主的劳务进行竞争的。我们会从小型企业的日渐壮大中发现某些有趣的事。某个木匠渐渐扩充工具，并租借了一个小型厂房，专门从事零散工作。他的每一步扩充，都要得到很多人的认可。他与这些人共同管理和承担风险。这样，这些人就会觉得有很多不便，也不愿意为该木匠的管理工作支付高工资。

接下来，该木匠就需要承包所有的小型修理工作。不久，他就会变为一个小经营制造商。随着企业规模的不断扩大，他就会越来越远离体力劳动，有时也不会亲自监管工作中的细微问题。他会雇用工人负责这些工作。这样我们估算他的利润时，就要把雇工的工资从他的报酬中扣除。假如他的个人经营能力无法与同行的平均水平相等，他经过一段时间的奋力挣扎之后，就会回到先前小型创业的困苦境地中。若他的经营能力刚刚达到同行平均水平，他就能够保住自己的位置。其中，所得收入大于开支的那部分数额，就是他所属于的那一级别中管理的一般收入。

但若该经营者的经营能力超出同行平均水平，他用某种过人能力来取代同行付出的额外开销。这部分节约的开销的价值属于他管理上的收入。然后，他就能不断积累资本，提高信誉，进而以低利率借用很多贷款。此外，他的商业门路也能得到拓展。他能得到许多的原料和操作技巧的知识，进而更有利于他从事更为大胆的高风险高收入的事业。他不再从事体力劳动，他会将耗费时间的小事交给其他人来做。

在研究了监工和工人，雇主和监工的报酬之后，我们就可探讨大小企业雇主的各自报酬了。

我们仍采用木匠的事例，当他成为较大的经营制造商之后，他的工作就变得复杂起来。他就需要雇用很多经理。我们认为，替代原则在大小企业之间的竞争中始终产生影响。其中，大雇主极少劳动，经理和监工的大多数劳动近似于小雇主的全部劳动。

使用大量借贷资本的企业家

现在，我们研究某行业中，运用自己的资本经营的企业家与运用借贷资本经营的企业家之间的竞争。在很大范畴内，个人风险会随企业性质以及借贷者处境的差别而产生差别。比如，有时，借贷者经营新的电业部门。放贷者因为没有以往的经验做参考，他就不能预见借贷者的经营进度。这样，借贷者就会陷入极端的劣势。自由资本者之间的竞争决定了利润率的高低。假如从事这一行业的人很少，这种竞争就不是十分激烈，利润率就会保持在较高的水平。换言之，利润在很大程度上大于资本纯息以及与同等经营困难的管理上的收入。

不过，某些行业进展缓慢，需要经营者长期不懈地奋斗。这样，某些本身没有多少资本的新入行者就会相对处于劣势。

相反，新入行者可以在另一些行业的竞争中获得极大的成功。

因为这些行业（尤其是在生产成本较低的贵重商品的生产行业）需要敢于挑战以及勇于冒险的精神，需要决策果断，并且能够在短时间内获得成效。

股份公司

现在，我们以股份公司为例，来对比雇工所得报酬和企业主管理所得报酬。在股份公司中，董事长、经理以及所属职员负责公司的管理工作。他们所得的报酬差不多都是劳动报酬，故此，这部分报酬与一般职业中艰难以及困境相同的劳动报酬的决定因素是相同的。他们大多数人本身没有或拥有很少的资本。

困扰股份公司的因素很多，主要有内部摩擦和利益冲突（如股东与债权人、普通股东与大股东、股东与董事等利益冲突）以及种种审核与反审核制度的约束。与私企相比，股份公司不具有开创性、迅捷性、目标性与主动性。但有些行业并不在意这些弊端。如在加工行业与投机行业中被看作是弊端的某些因素，在银行业、保险业等相似行业中却是有利因素。因为资本的耐久使用权，能够在这些行业和公共事业（如煤气、电力和自来水）以及铁路、电车、航运等交通运输业中达到绝对支配权。

假定某股份公司经营管理等一切正常运转，该公司没有从事间接或直接的股票投机。此外，该股份公司也没有采取手段兼并或打垮竞争对手。这时，该股份公司的经营决策就会比较明智，进而期望美好的经济前景。该股份公司不会为换取一时利益而损害公司信用，也不会因付给雇工低工资而使雇工的服务质量下降。

现代企业经营方法

现代企业经营方法使人们的管理报酬趋向于适合他们从事的行业困难。现代企业管理方法中，每种方法都各有利弊。每种方法都会被使用在利弊相同的情形中。在某种特殊条件下，所有企业组织方式的有利边际并非一条线上的某点，反而是将所有企业组织方式相连后的一条不规则界线。这些管理方式，不仅差别大，而且能够为很多有经营能力却缺乏资本的人提供宝贵的机遇。因此，管理报酬和获取报酬的劳动，通过现代管理方式有可能达到相等的趋势。不过，这一现象在原始社会中并不常见。当时，没有人愿意将资本用于生产。那些有资本和机遇从事某行业的人，只是具有了偶然的工作才智。替代原则仍然控制着生产商品耗费的费用（即通常所说的利润）。长期内这部分费用不应该同资本供给价格、该行业所需能力的供给价格、将资本供给和经营能力结合起来的组织方式的供给价格三者之和有很大的差别。

由于经营能力来源广泛，因而其供给不仅大量且富有弹性。任何人都需打理自己的事情，若某个人天生对企业管理就有好感，他就能获取许多管理经验。市场上最急需且可获得极大收入的经营能力，在很大程度上由得到这一能力所需的劳动和费用决定。在很多行业中，与一般决策力、果断力、机敏、严谨以及坚毅等品质相比，特殊技能与熟练度已经降为次要地位了。因此，许多经营能力不是专门能力。

小企业的店主与工头极为相似，这时，专业技能尤为重要。任何行业都有特定的历史。而有时某些历史因无法记录而一片空白。从事该行业的人，就要在思想未固定的时期一点一滴地逐渐学习。但现代社会中每一行业都与同其相像的附属行业联系密切。久而久之，人们会渐渐熟知这一行业。现代企业不断扩展规模以后，企业家所独有的才智就会逐渐重要起来。依靠这种才智，企业家才能领导职员，明辨企业得失，果决地解决企业困难，并制定明智的决策以及坚毅地执行这一决策。

由于无法准确估计某行业对经营能力的需求价格，因此经营能力的供给难以适应人们对它的需求。某人管理所得的报酬总量，应用他的实际企业利润扣除他的资本利息才可得到。不过，他常常无法准确熟知业务的具体情形。

虽然难以照搬商人的个人经验，但某行业的状况既不会绝对保密，也不会长久地保密。企业家都觉得，只要某行业的平均利润率，此前没有发生足以引起重视的变化，现在也不会有较大起落。与熟练工人相比，企业家有时更加无法断定能否通过改变行业来改善境遇。不过，企业占有观察其他行业的现在与将来的优势。与熟练工人相比，企业家比较易于从某一行业转向另一行业。

某一职业所需的先天才智与耗费很多的培训，对经营者从管理中所得的正常报酬和熟练工人获得正常报酬产生的作用是一样的。某一勤恳的企业家，最初拥有很多资本以及适宜的商业门路，与同样勤恳却不具备这些优势的企业家相比，他可能得到更为丰厚的管理报酬。不过，某些能力相仿的自由职业者，由于最初有利条件不同，因而他们最终获得的收入也不相同。有时，工人的工资也会因工作机遇以及所受教育的不同而有所不同。

利润率的一般趋势

现在，我们探讨利润率是否具有区域相等的趋势。某些管理报酬在大企业中被看作是薪资；但在小企业中被看作利润。乍一看，小企业的利润要多于实际利润。

在以往的半个世纪中，人们并未深入探讨管理报酬的决定因素。此前的经济学家并未很好地区别利润的组成因素，只是研究平均利润率的一般规律。

当我们研究利润的决定因素时，我们遇到了一个字面意义上的难题。具体说来，小企业主的所有劳动报酬被看作是他的利润。但在大企业中，小企业主的工作主要由经理和监工负责。在估算企业利润时，我们必须从企业的收入中扣除经理和监工的报酬。

所以，我们要严格区分两种利润率。一种是企业投资的年利润率；另一种指周转利润率，即每次资本周转产生的利润率。假如我们将利润的范畴缩减至年利润率或扩展至周转利润率，无论哪种情形下，利润都会包含相同服务所得的报酬。这样，大小企业的一般年利润率在名义上的差异就会不存在。假如我们按普通方式估算，资本占有量很多的大企业利润率要比资本占有量少的小企业利润率低。而若按正确方式估算之后，大企业的利润率要比小企业的利润率高。具体来说，在某一行业中，大小两个企业相互竞争。与小企业相比，大企业会有很多优势，如以低价格买进原料以及采用大规模生产等。不过，小企业也有一个优势，即比大企业更加深入顾客群体，并深得顾客喜爱。但某些行业的小企业也不具备后一种优势（尤其是加工行业），那么大企业就会有很好的出售价格，并耗费相对较少的开销，进而获得较为丰厚的报酬。在上述两种情形下，当利润被用来指包含相同因素的利润时，大企业的利润率必定会比小企业的利润率高。

大企业在击倒小企业并且将其划归自己所属后，大企业就可得到一些垄断利益。此外，企业之间的激烈竞争会降低利润率。不少行业的开办，如纺织业、金属业以及交通运输业等，需要有足够充裕的资本。企业刚创建时，规模不大，所面对的麻烦就会很多。这些企业奋力拼搏，期望在短期内能够使用巨额资本。与资本相比，巨额资本本身总量很多，只是对于管理上提供的报酬很少。

尽管某些行业要求管理者具有很高的能力，但有时大中型企业的管理难度一样。在某些并不需要较高的才能的行业中，行业的利润率往往都不高。假如一个善于勤俭且拥有普通才智和企业知识的人管理一个资本多以及具有便捷商业门路的工厂时，新入行者很难立足。

综上所述，计算大小企业的利润率时，应该将小企业一般看作是利润的那一部分被划入其他项目中。因而，大企业的利润率要高于表面看来的利润率。做出这种纠正之后，按普通方法计算，企业利润率仍会因企业规模的扩大而降低。

资本的正常年利润率

假如某一工业部门中流动资本多于固定资本，该部门所用资本的正常年利润率相对较高。不过，在整个工业都推广了大规模的生产以后，该部门的利润率并不会得到提高。

当管理工作的异常繁复性与资本不适应，以及人们从中所得的报酬大大高于资本时，资本的年利润率就会达到极高的水平。其中筹划新生产方法需要耗费很多的精力以及管理中产生的很多麻烦和风险，这导致了工作的繁复性。

由于任何行业的特性都不同，因此，任何所说的规律都不是绝对的。假定其余因素不变，我们可得到以下两个结论。我们可以用这些结论来阐释为何各个行业的正常利润率会不相等。

第一，某一企业对管理工作的需求，大多是由流动资本的数量决定的。很多行业中，所投入的大量的固定资本在很长时间内不会耗费人们的精力，因而使行业资本利润率很低。这些行业大多采用股份制。在许多行业，公司的董事和高级员工的工资总量只占投入资本很少的比例，如铁路、自来水、运河、船舶、桥梁等公司。

第二，假定某企业流动资本与固定资本的比例保持不变，管理工作越沉重，该企业利润率就越高。与原料成本和商品价值相比，工资总额的重要性也会更加突出。

机遇以及买卖才能，是决定某些从事贵重原材料生产的行业能否成功的因素。由于具有精明头脑且能够掌握价格影响因素的人并不多，因此拥有这些能力的人就能得到很高的收入。为此，有些美国学者曾将利润单纯地看成风险的收入。人们支付的风险费用被用于支付实际风险价值与高额的广告和经营开支之外，还剩下不少净利。当这一风险不存在必然的损害时，人们就不会到保险公司投保。假使人们没有投保，且解决了风险带来的种种难题，则他们长期内就能获得与保险费相等的弥补。然而有些人尽管能运用才智克服工作上的难题，但由于资本匮乏而无力承担风险带来的潜在损失，就会被风险挡住前进的脚步。故此，大多数风险高的行业由敢于挑战和冒险的人管理。一少部分资本雄厚的资本家由于善于打理这一行业，也会从事风险行业。为了获取较高的平均利润率，这些大资本家会达成某种不对市场施加压力的协议。

某些企业并没有很强的投机性，因而管理主要为监督工作。此时，管理报酬主要以企业实现的工作量为主，总工资额可被用来衡量这一报酬。我们对每个行业利润趋于相等的诸多论述中，有许多极不精准。比如所使用的资本相等、利润每年有同某一额度的总资本与总工资额相等的趋势。

若勤恳、机敏的厂商，使用的生产方式与机器设备皆强于竞争对手，并且他善于管理企业的生产与销售。他就可以不断扩大企业规模，进而通过分工和机器设备专门化而得到更多收益。他得到的报酬和利润都会增加。假如他不是唯一采用这种方法的厂商，他的产品价格并不会因他的产品总量增加而降低。此时，他就差不多全部占有大规模生产的经济利益。假如他恰好拥有该行业的某些垄断权，他就会不断调整增加的产量，获得更多的垄断利润。

假定不只是一两个生产者采用这种改进后的方法；这一改进是由诸多因素造成的，如需求和适应需求的产量的增加、机器设备的改进推广到整个行业、辅助行业的繁荣以及"外部"经济的日益延伸使产品的价格常集于某点等。其中，该点指仅能为该行业提供正常利润率的某一点。与以往相比，该行业更加单纯与一致，也不会损耗多少精力，或许适宜于共同管理。这样，该行业的正常利润率就会比以往低。因此，当某行业的劳动和产品数量同资本数量之间的比例提高时，这行业的利润率会随之降低。从某种程度上说，这一比例的提高，会导致按价值计算的报酬缩减。

周转利润率的决定因素

研究了年利润率之后，我们探讨周转利润率的决定因素。

正常年利润率的浮动范围极小。周转利润率是由所需周转时间长度与工作量决定的，因而周转利润率在不同行业中具有很大的差异。假如批发商在单笔交易中售出了大宗货物，进而加快资本的周转速度。他们仍能在平均周转利润率不足1％的条件下，获得极高的报酬。造船商在卖出船之前，会寻找停泊之处，并将原料投在船本身，进而慎重考虑各个细微处。为了补偿他的服务与投入的资本，他必定将较高的利润率加在耗费的开销中。

我们认为，周转利润率不存在渐趋相等这一趋势。不过，所有行业中的确存在某种普遍意义上的、确定无疑的利润率。不过，这一利润率会随贸易方式的变化而变化。一些人期望通过较少的生意，在周转利润率极低的条件下，获取很高的资本年利润率。这样，就容易导致贸易方式的变化。但当不存在这种剧烈变化时，按照以往的惯例，该行业就会从提供给特定工作或同行的许多实质上的服务收取一定的周转利润率。这一惯例来源于以往经验，它说明了一定情形中，该行业收取的利润率足以抵偿耗费的直接成本和补充成本。同时，该行业也会产生正常年利润率。当他们从售出商品价格中得到的利润率比周转利润率低时，他们就难以扩大生产；当他们的产品价格太高时，他们就有可能失去一部分市场。若他们没有达成某种价格协议，一个忠厚的商人就期望从订货中获得平等的周转利润率。当买卖双方产生争议时，公正的法官也会支持这种平等的周转利润率。

已投资本的收入

前面，我们探讨了经济力量的最终结果。从长期来看，使用资本的经营能力趋向于同资本需求相适应的趋势。这一能力在不停地选择企业和企业运营模式。具有这一能力的企业，为了达到某种目的，极其看重这种能力的服务并愿意支付相应的价格。在长期内，企业能够从这些能力中得到丰厚的收入。高收入是企业家之间的竞争。每人都会根据熟知的情况，恰当地估计将来的情形，并估算出扣除开销后的企业剩余。某人的所有期望收入都属于刺激他经营该行业利润的一部分。当他还没有将拥有的资本和精力投入生产工具及便于企业往来的看不见的资本中时，这些资本和精力必定被认为能够获得极大的利益。他对这些投资的所有预期利润，长期内都属于他冒风险的预期收入。若他是一个拥有从事某工作正常能力的人，当他不能决定是否该冒险从事这一工作时，它们就属于所提供服务的正常生产费用或边际。可见，一切正常利润都属于真正（或长期）的供给价格。

促使一个人或他的父亲将资本和劳动投入把他培训成各种职业能手（如工匠、自由职业者或企业家），同资本家将资本投入创建物质生产设备和企业组织具有相同的动机。无论何时，若人的行为受某自觉动机控制，他的投资总会停在某点。在该点上，即使增加投资，也不能获得报酬，甚至产生负效用。可见，这些投资的全部预期收入的价格，就属于它的服务的一部分正常生产费用。

许多因素必须在相当长的时期内才可产生影响。也有例外的成败得失需要我们注意。对某些成功者来说，他们拥有超强的才智与幸运。他们拥有某些事业所需的特殊时机以及发展企业所需的优势；对失败者而言，他们没有能力恰如其分地利用培训和创业的机遇，并且不是特别喜欢自己的工作。此外，他们的对手会对他们形成压力，这些压力阻碍了他们的发展。假若人们对他们从事行业的需求减少，他们会陷入极端困境中而以失败告终。

当我们探讨正常报酬与正常价格时，我们可以忽视上述影响因素。不过，这些因素被用在探讨某一时间某一个人获得的收入时，就占据着绝对支配地位。与这些因素对普通报酬的影响方式相比，它们对利润和管理报酬的影响方式是不同的。如果我们研究一时变化和某一机会对利润和普通报酬的影响，我们就要严格地区别开来。我们只有将货币、信用以及对外贸易等理论研究透彻，我们才能处理好市场波动的问题。现在，我们仍然可以在某种程度上辨别这些因素对利润和普通报酬产生的影响。

价格浮动对利润和其他报酬的影响

本节我们将探讨价格浮动对利润和其他报酬的影响的三个不同之处。

第一个不同是，对企业家来说，他的利润受他的资本（包括企业组织）和劳动、他的雇工生产的产品的价格等因素的影响。可见，在雇工工资浮动之前，企业家的利润就发生了很大程度上的浮动。当其余因素不变时，若他的产品售价上升，他就可能获得很高的利润，甚至使他由折本变为盈利。价格升高，他获得高收益的心情就会非常迫切。他会非常害怕雇工流失或倦于工作。故此，他不惜用涨工资的办法留住雇工。不过，事实证明，无论这一工资是不是依据产品售价而估计的工资，它的增加极少与价格的增加成比例。所以，它的增加也无法与利润的增加成某种比例。

当企业家经营不善时，生意凋敝，企业家就会毫无所获，从而难以满足自己和家庭所需。企业家，特别是运用大量借贷资本的企业家，所得的报酬就会低于开销。此时，他会陷入亏本买卖中，他的管理报酬也会变成负数。经济不景气时，大多数企业家都会面临这种情况。特别是运气不佳、能力不高及不善经营的企业家更容易面临这些问题。

第二个不同是，能够在经营企业中获得成功的人只是极少数。这些人拥有多于其他人数倍的财富。在计算某一行业的平均利润时，我们不应用成功者的数量除以他们所得的总利润；也不能用成败总人数除以总利润。正确的做法是，第一步，先把经营失败后改行的那部分人总损失额从成功者的总利润中扣除。第二步，将成功者和失败者的总数除以第一步的剩余差额，这样可得到该行业的平均利润。

若按平均估算，利润减去利息后的差额有时可能不足人们按某行业成功者估算的企业利润的 1 / 2；而若按一些有风险的企业来估算，有可能不足估算的企业利润的 1 / 10。然而，这种风险是只增不减的。

第三个不同是，利润浮动与普通报酬浮动的不同。在某种程度上，人们对自由资本和劳动被用于培训工匠或自由职业者技能的预期报酬具有利润的特性。这需要较高的利润率。究其原因，首先，投资者本人并不能得到其大部分收入；其次，他们只有勤俭节约，才能为了获得将来的收入而做某些投资。而且，在工匠或自由职业者得到了他工作上所需技能之后，他所得收入的一部分就被看成已投资本和劳动（这一资本和劳动能使他胜任自己的工作，并拥有创业的机遇、贸易往来的机遇及发挥才智的机遇）的将来准租。除此之外的收入，可以被看作人们劳动的真正报酬。通常，这些收入占有很大的比例。当我们对企业家的利润做同等研究时，其中各部分的比例会有大小之别，而准租占有很大的比例。

从事大规模经营的企业，从已投资本中能够获得巨大报酬。由于其中的利弊未发生变化，因此，企业家不大注意他耗费在这些资本上的劳动。此时，企业家常常会将企业利益当成纯收益。他对从额外劳动中得到的所有收入的观点，不同于工匠由于延长工作时间而得到的收入的观点。

与本节所说不同较为密切的另一不同是，当工匠或自由职业者拥有稀有天赋，与某些普通人将同等资本和劳动投入个人教育和创业时并预期从中获得剩余报酬相比，他得到的剩余报酬要大得多。而且，这一剩余报酬拥有地租的特性。

企业家阶层中拥有特殊天分的人比较多。但富有天分的人，不只包括来自这一阶层中富有才智的人，还包括低职业阶层中富有天赋的人。假如我们将企业家看作个人，即按正常价值，我们也要把特殊天赋得到的报酬看作是准租而非租金本身。自由职业者阶层收入中极为重要的一部分是投在教育中的资本产生的利润。而且，特殊天赋产生的租金，应属于企业家很重要的一部分报酬。

某些特殊企业的收入和工人凭技能得到的收入，都受到行业环境与机遇变化的影响。

行业中不同类别工人的利害关系

现在，我们研究行业相同、工业阶层不同的工人的利害关系。

当任何一种商品对它所需的每种生产要素的需求都是连带需求时，这种利害关系就会一致。比如，一旦泥水匠的劳动供给有巨大的变化，建筑行业的其他所有部门的利益都会受到严重影响。

但实际上，某行业的共同繁荣决定了该行业不同阶层从特定资本和专项技能中得到的报酬。在较短时间内，这些报酬可列为全行业共同收入的一部分。假如效率提升或其他外部因素增多，总收入会上涨，所有阶层的收入会有部分上涨的趋势。若总收入不变，无论哪个阶层收入的增加，都是建立在其他阶层收入减少的基础上的。这一论点不仅能运用于某行业的所有人，也适合于在某一个企业工作了多年的人。

在经济良好的企业中，企业家的收入是三种收入的总和，即他的能力的收入、他的生产工具和物质资本的收入、他的商业信用与贸易往来的收入。企业家经营的企业决定了他的一部分效率，企业收入总要大于这些收入之和。若企业家按照较为妥当的价格卖出他的产品，然后转而经营其他行业，他有可能得到更少的报酬。机遇价值中最明显的一部分，是商业贸易往来对企业家的所有价值。这种价值看似多由幸运产生，实则是能力和劳动共同作用的结果。机遇成本指，私人或大企业联盟购买的、能够转移的那部分价值。

由于企业的利益和工人相关，因此，雇主的看法并不能涵盖企业的一切收益。有时，在短期内由于某种意图，企业家耗费的开销，与企业产品的市场情形决定的收入以及用于生产该产品的所有东西的成本无关。这时，企业的一切收入皆是准租。换句话说，该收入属于混合准租。该行业中的每个人可按照议价协议、惯例以及公正理念分配这些收入。这一结果与早期文明社会对从土地中得到的生产者剩余的分配原因有些相像。在早期，生产者剩余不属于个人，而是属于开垦公司。假如企业中的主管人员非常了解人和事的情形，他就有可能被企业的竞争对手高薪聘用。不过，在其他时候，这些情形只对他所在的企业有利，而对其他企业没有任何作用。他的离职可能给企业造成几倍高于他的工资的损失。但是，他在其他企业的工资有可能不足以前企业工资的一半。

在大行业的每个企业中，雇工能提供的劳动价值近乎相同。每个人在每周中得到的收入，由这周内他从劳动疲乏中得到的报酬与他从技能和特长中获得的准租构成。在竞争起积极作用的条件下，这一准租取决于每个雇主以本周产品的市场销售情形来对雇工的劳动估算之后的价格。商业情形决定了某一特定类别的特定工作的支付价格，这一价格属于直接开销。在估算某厂某时的准租时，要从总收入中扣除这一开销。同时，这一准租的增减与雇工毫不相关。实际上，竞争并非一直起积极作用。即便是同样的工作，使用同样的机器，并且雇主支付同样的价格，雇工被雇用的可能性也会随着当地经济发展程度的提高而增多。经济状况一般，生意不火爆时，雇工可获得持久工作的机会；当经济状况很好时，雇工就可能要延长工作时间。

事实上的平均分配损失和利益的现象几乎在每个企业与雇工之间都有。这种均分损益有可能达到某种最高形式。一般地讲，分红制能够在经济和道德层面上促进雇主和雇工的关系。

在某行业中，雇工和雇主达成某种协议时，工资就是一个棘手的问题。在短期内，双方只能依据契约断定各自应该从行业纯收入中所得的份额。某些行业中，雇主并不能始终从降低工资中获取收益。究其原因，工资降低会使企业流失很多熟练雇工。某行业的工资必须足够吸引青年加入，这就提出了最低工资。而最高工资取决于资本和经营能力供给的相对不足。双方只有依据议价来决定使用界限的那一点。但道德上的裁定，在一定程度上缓解了议价分歧。这一点，在拥有协商机构的商业中尤为明显。

当某组雇工为涨工资而举行罢工时，其他组雇工的工资就会受到损失。这一损失与雇主所得利润大致相等。